Madeira

Susanne Lipps

Inhalt

Das Beste zu Beginn
S. 4

Das ist Madeira
S. 6

Madeira in Zahlen
S. 8

So schmeckt Madeira
S. 10

Ihr Madeira-Kompass
15 Wege zum direkten Eintauchen in die Insel
S. 12

Rund um Funchal
S. 15

Funchal S. 16

Kulinarische Fülle – **im Mercado dos Lavradores**
S. 22

Ein uriges Gewölbe – **die alte Blandy-Weinkellerei**
S. 26

Bastion des Glaubens – **die Kathedrale von Funchal**
S. 28

Monte S. 35

Skurrile Gartenkunst – **Monte Palace Madeira**
S. 36

Inselosten
S. 41

Caniço de Baixo S. 42
Camacha S. 44
Santa Cruz S. 45

Kolumbus auf der Spur – **Bootsausflug auf der Santa Maria**
S. 46

Machico S. 48
Caniçal S. 51
Portela S. 51

Bizarre Vulkanfelsen – **Ponta de São Lourenço**
S. 52

Santo da Serra S. 54
Pico do Arieiro S. 55

7
Idylle im Lorbeerwald – **Ribeiro Frio**
S. 56

Inselwesten
S. 59

Curral das Freiras S. 60
Câmara de Lobos S. 61

Schwindelerregender Tiefblick – **Cabo Girão**
S. 62

Estreito de Câmara de Lobos S. 6
Ribeira Brava S. 65

Ponta do Sol S. 67

Gipfel im Sumpf – **Pico Ruivo do Paúl**
S. 68

Madalena do Mar S. 71
Calheta S. 71

Levadawege wie im Märchen – **bei Rabaçal**
S. 72

Jardim do Mar S. 75
Paúl do Mar S. 76
Prazeres S. 77

Die Nordseite
S. 79
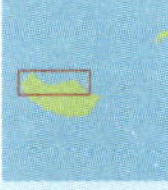

Ponta do Pargo S. 80
Porto Moniz S. 80

Im Lavapool baden – **Piscinas Naturais in Porto Moniz**
S. 82

Seixal S. 84
São Vicente S. 85

Bergkapelle und Unterwelt – **im Tal von São Vicente**
S. 86

Ponta Delgada S. 89
Boaventura S. 89
Arco de São Jorge S. 90
São Jorge S. 91
Santana S. 92

Ein Park im Urwald – **Queimadas**
S. 94

Den Gipfel stürmen – **auf den Pico Ruivo**
S. 96

Faial S. 98
Porto da Cruz S. 99

Die kleinen Inseln
S. 101

Porto Santo S. 102

Kolumbus entdecken – **Spurensuche auf Porto Santo**
S. 104

Ilhas Desertas S. 107

Hin & weg S. 108

O-Ton Madeira S. 114

Register S. 115

Abbildungsnachweis/Impressum S. 119

Kennen Sie die? S. 120

Das Beste zu Beginn

Madeira selbst entdecken
Rentnerparadies? Weit gefehlt! Auf Madeira sollten Sie gut zu Fuß sein. Tiefe Schluchten, steile Hänge, schroffe Gipfel warten darauf erkundet zu werden. Vergessen Sie den Regenschirm nicht. So viel Grün, so viel Blütenpracht wie hier gedeihen nicht unter glühender Sonne.

Blickfang am Dach
Schauen Sie doch einmal nach oben. Überall sitzen Dachreiter. Tauben, Knabenköpfe, Lanzenspitzen – alles aus rotem Ton und uralte Fruchtbarkeitssymbole. Den Hausbewohnern sollten sie reichen Kindersegen bescheren. Auf neueren Häusern bringt sie niemand mehr an. Die Geburtenrate Madeiras ist eine der niedrigsten Europas. Ob da ein Zusammenhang besteht?

Der köstliche Kolbenriese
Der Exot unter den ohnehin schon exotischen Früchten Madeiras. Wie ein langgestreckter Tannenzapfen geformt und von der bei uns als Zimmerpflanze bekannten Monstera stammend, ist er vor allem sündhaft teuer. Dafür aber recht ergiebig, da allmählich nachreifend. Entfernen Sie die abbröckelnde Rinde, stochern Sie in die schon essbaren Teile und lassen Sie das Aroma irgendwo zwischen Ananas und Banane auf der Zunge zergehen.

Merry Old England
Englische Weinhändler drückten der Insel ihren Stempel auf. Sie können sich in einer noblen Quinta einquartieren, einem der ehemals britischen Landsitze mit lauschigem Park. Wenn Sie nicht dort wohnen, können Sie zumindest hier und da hineinschnuppern. Nostalgische Locals versuchen immer öfter, dieses ›alte Madeira‹ vor modernen Übergriffen zu bewahren.

Wrackbarsch gefällig?
Die meisten Touristen halten sich ja an den Degenfisch. Er ist überall verfügbar und stets der Preiswerteste auf der Karte. Und – zugegeben – auch gar nicht schlecht. Aber Sie verpassen etwas, wenn Sie sich nicht der ganzen Palette anderer Fische zuwenden, die Restaurantkellner so eifrig empfehlen. Wrackbarsch, Papageifisch, Drachenkopf, Zackenbarsch und Sackbrasse; dagegen klingen die portugiesischen Namen *cherne*, *bodião*, *peixe carneiro*, *garoupa* und *pargo* fast schon langweilig ...

Was Madeirenser echt aufregt
Waldbrände sind ein Dauerthema auf der Insel. Zuletzt brannte es im Oktober 2023 im Inselwesten lichterloh. In Funchal mussten 2016 Hunderte evakuiert werden, Tote waren zu beklagen und viele Menschen verloren ihr Hab und Gut. Längst ist klar, dass die meisten Feuer gezielt gelegt werden. Erschließung von Bauland kommt als Grund nicht in Frage. Aber was dann? Von Wiederholungstätern ist die Rede, von Frustration, Arbeitslosigkeit, psychischen Problemen.

!

Die Sache mit dem Milchkaffee
Auf Madeira (und wirklich nur hier, Festlandportugiesen tun sich mit diesem Begriff schwer) heißt der mittelgroße Milchkaffee *chinesa*. Früher, als er noch aus chinesischen Porzellantassen getrunken wurde, war er so dünn, dass am Grund der Tasse das Abbild einer Chinesin zu sehen war (vgl. unseren ›Blümchenkaffee‹). Bitte bestellen Sie einen Cappuccino nur, wenn Sie ganz viel Sahne aus der Tube mögen. Tradition hat er auf Madeira nicht, die Nachfrage durch Touristen schuf das Angebot.

Mein liebstes Dorf? Schwer zu sagen. Vielleicht Santo da Serra mit seinen Villen und Prachtgärten aus der großen Zeit der Engländer? Oder auch Prazeres, ganz das Gegenteil. Hier ist die Kultur noch sympathisch bäuerlich, die Atmosphäre im Ort geradezu familiär.

Fragen? Erfahrungen? Ideen?

Ich freue mich auf Post.

Mein Postfach bei DuMont:
lipps@dumontreise.de

Das ist Madeira

Die unglaubliche Blütenfülle und die gewaltige Landschaft Madeiras sind feste Größen. Zu Recht gilt die Insel als unverbrauchtes Paradies für Menschen, die Natur bewundern und entspannt erleben möchten. Wandern rangiert ganz vorn unter den Aktivitäten. Aber das ist längst nicht alles. Ein etwas verstaubtes Image war gestern. Heute liegt Madeira voll im Trend. Neue Schlagworte lauten Ökotourismus, Wellnessurlaub, Boutiquehotels, innovative Gastronomie, Kulturgenuss und Digital Nomads. Die Palette des Sportangebots reicht von Tauchen, Brandungssurfen und Ausfahrten zur Walbeobachtung bis hin zu Mountainbiking, Paragliding, Klettern und zum Canyoning in den wilden Schluchten des Inselinneren.

Metropole im Atlantik

Von den portugiesischen Entdeckungsfahrern gegründet, Jahrzehnte bevor Kolumbus den Atlantik querte, ist die Inselhauptstadt Funchal einerseits Nostalgie pur. In mondänen Villen aus der Frühzeit des Tourismus stiegen Kaiserin Sisi und andere gekrönte Häupter ab, traumhafte Parks sind voller exotischer Gewächse und in ehrwürdigen Cafés lehnen Einheimische und Reisende lässig in viktorianischem Korbgestühl. Die andere, moderne Seite Funchals zeigt sich in pulsierendem Leben, dessen Rhythmus nicht nur geografisch zwischen Europa und Südamerika angesiedelt ist. Auch der kulinarische Genuss kommt nicht zu kurz, in zeitgemäßen Restaurants, die Traditionsrezepte neu interpretieren, oder in den engen Tavernen der Altstadt, wo abends der melancholische Fadogesang erklingt.

Milde Tage am Meer

Madeira ist nie wirklich eine Badedestination gewesen. Schroffe Felsabhänge und winzige, brandungsumtoste Kiesstrände prägen die Küsten. Auch wenn inzwischen zwei mit hellem marokkanischem Sand aufgefüllte Strände in Machico und Calheta und einige bizarre Felsbadeanlagen den Sprung in den Atlantik erleichtern, spielt sich das Geschehen doch vorwiegend an Land ab. Die meisten Urlauber genießen ganz einfach das milde Klima – vor allem im Winter, um dem kalten, nassgrauen Mittel- und Nordeuropa zu entfliehen, aber auch immer öfter im Sommer. Dann verharren die Temperaturen dank der ausgleichenden Wirkung des Ozeans im angenehmen Bereich. Die Mehrheit der Besucher steigt in Funchal ab. Wenn Ihnen der Sinn nicht nach City-Urlaub steht, kommen Sie im ruhigeren Ferienort Caniço de Baixo im Inselosten auf Ihre Kosten. Oder überall rund um die Küste in netten Kleinstädten und Fischerdörfern, wo die wenigen Unterkünfte zwischen den Häusern der Einheimischen stehen. Sie können sich auch auf dem Land einquartieren, wo das Flair alter Wohnkultur in Gutshaushotels oder Weinbauernkaten geboten wird. Einblicke in das traditionelle Landleben, das sich im fernen Inselwesten und im regenreichen, kühleren Norden bis in unsere Tage gerettet hat, inklusive. Theoretisch ist es möglich, alles von einem Standort aus zu erkunden. Aber vielleicht teilen Sie Ihren Aufenthalt zwischen mehreren Inselecken auf?

›Sonnenspitze‹: Ponta do Sol macht seinem Namen oft alle Ehre.

Gebirgsabenteuer

Abenteuer verspricht das Trekking auf einsamen Pfaden durch die wilden Berglandschaften Madeiras, auf die Dreierkette der Achtzehnhunderter oder auf die oft nebelumwaberte Hochebene Paúl da Serra. Levadas, die Lebensadern der Insel, fangen in den schwülen Lorbeerdschungeln des Nordens Wasser aus Quellen und Kaskaden ein, um es in den trockeneren Süden zu bringen. Dort sprudeln Verteilerkanäle durch die Plantagen, damit durstige Kulturen wie Bananen oder Zuckerrohr gedeihen. Auf romantischen Wegen, an denen Hortensien und Schmucklilien blühen, können Sie kilometerweit den Kanälen folgen. Schmalere Levadas, unter dem hohen Blätterdach der Lorbeerbäume oder schwindelerregend durch moosgrüne Steilwände verlegt, unter Wasserfällen hinweg und mit grandiosen Ausblicken, fordern sportliche Wanderer heraus, bieten aber auch genügend Gelegenheit zum Genusswandern.

Wie Robinson fühlen

Im Gegensatz zu Madeira punktet die kleine, eher flache Nachbarinsel Porto Santo mit einem kilometerlangen, goldgelben Sandstrand. In den Sommerferien geben sich hier die Madeirenser ein Stelldichein, ansonsten geht es ausgesprochen ruhig zu. Abgesehen vom Strandleben ist wenig los. Die Urlaubervergnügungen bestehen aus Radfahren, Wandern in den kahlen Hügeln, erholsamen heißen Sandbädern und dem Genuss des feurigen Inselweins. Ganz anders die unbewohnten Inseln des Archipels, die schroffen Ilhas Desertas. Der Zugang ist begrenzt, um die seltene Mönchsrobbe zu schützen. Die Felseilande sind nur mit kleinen Booten zu erreichen, maximal eine Übernachtung unter einfachsten Bedingungen ist möglich.

Madeira in Zahlen

3

Jahre sollte ein Madeirawein mindestens reifen, nach oben sind keine Grenzen gesetzt.

20

Prozent der Inselfläche sind von Lorbeerwald bedeckt.

20,6

Grad Celsius betrug 2019 die Durchschnittstemperatur in Funchal.

42

Kilometer lang ist die Vía Rápida, die vierspurige Schnellstraße entlang der Südküste.

65–80

Paare des seltenen Madeira-Sturmvogels brüten in den Bergen.

150

Tunnel wurden seit den 1990er-Jahren auf Madeira mindestens gebaut, andere Quellen sprechen gar von mehr als 300.

160

Einwohner zählt Achadas da Cruz, die kleinste Gemeinde Madeiras.

236

Wale wurden 1981 in Caniçal erlegt, seither ist der Walfang verboten.

273

Kreuzfahrtschiffe legten 2023 in Funchal an, damit konnte die Zahl von 2019, vor der Corona-Krise, fast wieder erreicht werden.

500

Kilogramm wiegt eine der Lederschildkröten, die manchmal in den Inselgewässern zu beobachten sind.

70 000

Frauen stickten einst für die Spitzenmanufakturen, heute sind es höchstens noch 2000.

793

Pflanzenarten sind auf der Insel heimisch, davon gelten 118 als endemisch.

253 000

Menschen leben heute im Archipel, davon gut 5000 auf Porto Santo, der Rest auf Madeira.

1862

Meter hoch ist der Pico Ruivo, Madeiras höchster Berg und der dritthöchste ganz Portugals.

10 000 000

Übernachtungen von Touristen wurden 2023 auf Madeira gezählt – ein neuer Rekord.

2000

km lang ist das Levadanetz Madeiras, einschließlich der Seitenverzweigungen vielleicht sogar 5000 km

18 000 000

Jahre sind die ersten Vulkanausbrüche auf Madeira her.

4000

Meter fällt die Küste unter Wasser bis zur Tiefsee ab.

630

Kilometer beträgt die Entfernung zur afrikanischen Küste

25 000

Tonnen Bananen werden pro Jahr auf Madeira geerntet, mit steigender Tendenz.

So schmeckt Madeira

Die Traditionsküche ist bodenständig, die Liste der Inselspezialitäten überschaubar. Es wird noch ehrlich gekocht. Viele Restaurants machen sich nach wie vor die Mühe, alles mit Grundzutaten von der Pike auf zuzubereiten. Da schmort das Huhn oft schon morgens in der Brühe für Suppe oder Eintopf, Küchenhilfen schneiden die Pommes aus echten Kartoffeln und der Duft nach frisch gebackenem Brot – unverzichtbarer Bestandteil jeder Mahlzeit – liegt in der Luft.

Frühstück auf die Schnelle
Zu Hause essen die Madeirenser morgens ein Toastbrot mit Marmelade, begleitet von einer riesigen Kanne aufgebrühtem Getreidekaffee, mit Zichorienwurzel und unsäglich bitter. In einfachen Pensionen wird das Frühstück zuweilen noch so serviert. Überall sonst erwarten den Hotelgast Buffets, oft mit britischer Note, also mit Rührei, Grilltomaten und Speck, vielleicht sogar mit Porridge. Aber auch mit viel frischem Obst, Joghurt oder süßen Teilchen. Erwarten Sie keine Wunderdinge vom Brot. Tipp für Selbstversorger: Am besten mundet das nach traditioneller Art gebackene Brot, das Sie auf Bauernmärkten oder in Bäckereien bekommen.

Essensgewohnheiten
Am Wochenende speisen die Familien mittags ausgiebig im Ausflugslokal am Strand oder in den Bergen. Die weniger Betuchten grillen auf einem der zahlreichen Picknickplätze den unvermeidlichen *espetada* (Rindfleischspieß). An Werktagen hingegen wird recht zügig und nicht selten auch allein gegessen. Speziell in Funchal bieten viele kleine Lokale den Angestellten von Büros und Geschäften einen abwechslungsreichen, den Geldbeutel schonenden Mittagstisch. Das kann ein Eintopf oder Auflauf sein, je nach Saison mit Gemüse, Hülsenfrüchten, Kartoffeln, ein wenig Knoblauchwurst, Huhn oder Stockfisch. Oder ein Tellergericht, Fisch oder Fleisch mit Beilagen. Manche Restaurants bieten Mittagsbuffets mit einer guten Auswahl an landestypischen Gerichten an. Die Einheimischen haben einen süßen Zahn. Daher darf ein Dessert, meist ein Pudding, nicht fehlen. Zum Schluss dann eine *bica* (Espresso), bevor der Sitzplatz für den nächsten Gast geräumt wird.
Abends ausgegangen wird vor allem am Freitag und Samstag, die schick gemachte Szene erscheint selten vor 20 Uhr im Lokal. Dann zelebrieren ganze Freundeskreise das mehrgängige Menü, das gern auch kreativ sein darf. Anschließend zieht die Clique weiter in eine Bar. Denn in Portugal gilt es vielfach noch als ausgemachter Fauxpas, nach dem Kaffee, der das Essen beschließt, weitere Getränke

KLEINE KAFFEEKUNDE

Bica: Espresso
Garoto: winziger Milchkaffee
Chinesa: wie der italienische Cappuccino (ohne Sahne)
Galão: Kaffee im großen Glas mit viel warmer Milch
Chino: Café Americano
Cortado: Kaffee mit Madeirawein

im Restaurant zu bestellen. Selbst die angebrochene Weinflasche bleibt dann oft unbeachtet stehen.
Poncha, der madeirensische Cocktail schlechthin, gilt unter Kennern als besonders gelungen, wenn der gefühlte Alkoholgehalt den Anteil der anderen Ingredienzien übersteigt. Handwarm werden einheimischer weißer Rum, bernsteinfarbener flüssiger Madeira-Honig und frisch gepresster Zitronensaft mit einem Holzquirl fachkundig gemixt. Ein Glas ist gut, zwei sind schon kritisch, drei fast immer zu viel. Wer noch einen draufsetzen möchte, bestellt *poncha quente*. Das heiße Getränk sei genau das Richtige, wenn eine Erkältung im Anzug ist – sagen die Madeirenser.

Mahlzeiten zwischendurch

Da das einheimische Frühstück nicht wirklich sättigt, sind Zwischenmahlzeiten in einer der unzähligen Bars eingeplant. Das kann eine *sandes*, ein belegtes Brötchen, oder eine *tosta* (Toast), jeweils mit Käse, Schinken oder beidem, sein. Manchmal, vor allem in den Kneipen rund um die zentrale Markthalle von Funchal, werden Kleinigkeiten nach Art der spanischen Tapas auf der Theke bereitgehalten. Eine wirkliche Tapas-Kultur gibt es auf Madeira aber nicht.
Frauen halten sich traditionell, was das Schnabulieren zwischendurch betrifft, eher an Süßes und gönnen sich gern einen Kuchen im Café oder einer Bäckerei. Die Auswahl ist riesig, die Teilchen sind eher kleiner als bei uns, dafür fällt der Zuckeranteil umso höher aus.

So viel kostet in etwa ein Hauptgericht oder Tagesmenü:
€ unter 12 Euro
€€ 12 bis 20 Euro
€€€ über 20 Euro

TYPISCHES

Sopa de Tomate: In unzähligen Variationen taucht die Tomatensuppe mit verlorenem Ei auf.
Caldo Verde: Die ›grüne Suppe‹ auf der Basis von Kartoffeln enthält feingeschnittene Blätter von einem recht derben Kohl, dazu ein paar Scheiben *chouriço* (Knoblauchwurst).
Bolo de Caco: Ein saftiges Fladenbrot mit Knoblauchbutter, wird warm gegessen.
Espada com Banana: Der Degenfisch, ein Tiefseebewohner, erhält eine Panade und wird mit einer gebackenen Banane serviert.
Bacalhau: Stockfisch, auf Speisekarten oft mit Kabeljau übersetzt. Meist ist er teurer als andere Hauptgerichte. Einen Versuch wert, allerdings recht eigenwillig im Geschmack.
Caldeirada de Peixe: Ein reich bestückter Fischeintopf mit Kartoffeln, Zwiebeln und Tomaten, der sein besonderes Aroma reichlich Koriander verdankt.
Arroz de Mariscos: Üppig mit Meeresfrüchten bestückter Reiseintopf. Wird meist nur ab 2 Personen serviert.
Espetada regional: Klassischer Rindfleischspieß, mit Lorbeer und Knoblauch gewürzt, in der Regel vom Grill.
Bolo de Mel: Gewürzkuchen mit dem Sirup des Zuckerrohrs, mit Nüssen und kandierten Früchten angereichert.

Ihr Madeira-Kompass

4

Skurrile Gartenkunst – **Monte Palace Madeira**

5

Kolumbus auf der Spur – **Bootsausflug auf der Santa Maria**

6

Bizarre Vulkanfelsen – **Ponta de São Lourenço**

7

Idylle im Lorbeerwald – **Ribeiro Frio**

8

Schwindelerregender Tiefblick – **Cabo Girão**

9

Gipfel im Sumpf – **Pico Ruivo do Paúl**

11

Im Lavapool baden – **Piscinas Naturais in Porto Moniz**

10

Levadawege wie im Märchen – **bei Rabaçal**

Rund um Funchal

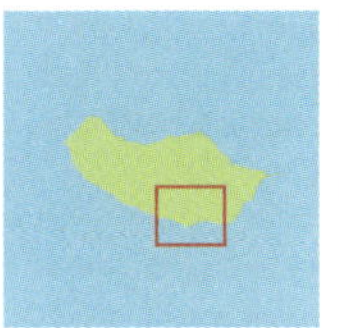

Das Leben pulsiert auf Madeira vor allem in der Inselhauptstadt: beim Flanieren über Promenaden und Alleen, beim Shopping und Sightseeing in den Gassen der Altstadt, auf den Märkten und in den tropischen Gartenanlagen. Es gibt interessante Museen, Paläste und Kirchen. In innovativen Galerien lassen sich Kontakte zur örtlichen Kreativszene knüpfen. Auch der hoch gelegene Villenvorort Monte hat es in sich. In seinen nebelverhangenen Parks verbergen sich Kunstschätze und Erinnerungen an alte Zeiten.

Funchal G/H 6/7

Nicht nur die Einheimischen halten Funchal für eine der schönsten Städte der Welt. In einer weit geschwungenen Bucht klettern weiße Häuser mit ziegelroten Dächern die Hänge hinauf. Unten am Meer laden gepflegte Boulevards und tropische Parks zum Flanieren ein. Im 15. Jh. von den Entdeckungsfahrern gegründet, übernahm Funchal rasch die führende Rolle im Handel mit Zucker und Madeirawein. Dann entdeckten die Reisenden des 19. Jh. das milde Klima und bereiteten den Boden für den immer noch ein wenig exklusiven Tourismus. Mit 106 000 Einwohnern ist die Stadt vor allem aber das wirtschaftliche und kulturelle Zentrum Madeiras.

WAS TUN IN FUNCHAL?

Altstadtbummel unternehmen

Lange Zeit war die Zona Velha das etwas schmuddelige Viertel der Handwerker und Fischer. Jetzt entdecken Kreative die Altstadt. In ehemalige Werkstätten ziehen Kunstgalerien ein, Krämerläden verwandeln sich in Szenekneipen. Bester Ausgangspunkt für eine Erkundung ist – wegen der Nähe vieler Linienbus-Endstationen und eines praktischen Parkhauses – die futuristische Talstation der Monte-Seilbahn (▸ S. 39). Gleich schräg gegenüber erreichen Sie links neben dem Madeira Story Centre (▸ S. 25) durch eine schmale Gasse die langgezogene **Rua de Santa Maria,** wo das Projekt **Arte Portas Abertas** (www.arteportasabertas.com) Farbe in die Zona Velha bringt. Rund 100 Maler und Bildhauer gestalteten die Türen der Altstadthäuser. Jede Menge Fotomotive sind garantiert. Richtung Osten dieser Straße folgend gelangen Sie an etlichen Kneipen und kleinen Restaurants vorbei in einen ruhigeren, höher gelegenen Teil der Altstadt mit der **Igreja do Socorro** 1. Gegenüber der Kirche genießen Sie von einem mit Fliesenbildern verzierten **Miradouro** den ultimativen Küstenblick.
Auf dem Rückweg zweigt sogleich eine klaustrophobische Gasse hinunter zur Fußgängerzone Rua do Portão de São Tiago ab. Bevor Sie dieser zurück zur Seilbahnstation folgen, schauen Sie doch einmal links in den frei zugänglichen Innenhof der **Fortaleza de São Tiago** 2**,** einer zur Piratenabwehr erbauten Festung (17. Jh.).
Vor der Altstadt zogen die Fischer ihre kleinen Boote an Land. Jetzt wurde ein Badestrand künstlich angelegt und durch Wellenbrecher geschützt (frei zugänglich). Wer sich hier zu sehr den Blicken der Promenadenspaziergänger ausgesetzt fühlt, kann unterhalb der Socorro-Kirche die Felsbadeanlage **Barreirinha** 3 (tgl. 9.30–17.30, im Sommer z.T. bis 20 Uhr, 5,70 €) mit Pools und Betonliegeflächen drumherum nutzen. Über Treppen gelangen Sie dort auch direkt ins Meer.

Durch Alleen und Parks schlendern

Die von hohen Bäumen flankierte **Avenida do Mar** säumt das Meer. An ihrer wasserwärtigen Seite verbindet eine lange Promenade die Altstadt mit dem Ende des Hafens. Im mittleren Teil erweitert sie sich zur blumenbewachsenen **Praça do Povo,** wo oft Veranstaltungen stattfinden. Davor liegt der neuere Abschnitt des Jachthafens, vom älteren, größeren durch den **Cais** 4 getrennt. An dem steinernen Hafenkai machten im 19. Jh. die ersten Kreuzfahrtschiffe fest. Von seiner Spitze haben Sie den besten Blick über Stadt und Hafen. Gegenüber vom Cais schauen alte Bronzekanonen aus einer Mauer hervor. Dahinter verbirgt sich eine ehemalige Hafenfestung, an deren Turm noch die Insignien von König Manuel I. prangen, der den Bau 1513 in Auftrag gab: das Wappen des Christusritterordens und die beiden Armillarsphären, Symbole der portugiesischen Entdecker. Später wurde die Festung zum Gouverneurspalast, dem **Palácio de São Lourenço** 5**,** umgewidmet. Die Palastwache sollte Sie nicht abschrecken,

Reichlich Fotomotive sind garantiert: Einheimische Künstler durften die Türen in Funchals Altstadt neu gestalten.

normalerweise darf der Innenhof betreten werden. Den Süd- und Westflügel nehmen barocke Repräsentationsräume des Vertreters der Lissabonner Regierung auf Madeira ein (www.representantedarepublica-madeira.pt, individuelle Besichtigung, Mo–Fr 10–15 Uhr, Eintritt frei). Die ursprüngliche Festung hielt einem verheerenden Piratenangriff 1566 nicht stand und wurde danach um die Bastionen an der Nordseite erweitert. In einer davon informiert heute das **Museu Militar da Madeira** (Mo–Fr 10–16.30 Uhr, 2,50 €, Audioguide-App verfügbar) über die Militärgeschichte der Insel und die Baugeschichte des Palastes und zeigt eine bis ins 18. Jh. zurückgehende Waffensammlung.

Hinter dem Palácio de São Lourenço verläuft die zweite wichtige Achse der Innenstadt: die verkehrsberuhigte Flaniermeile **Avenida Arriaga** mit Straßencafés und Alleebäumen.

Weitere Baumgiganten – oft tropischer Herkunft – beschatten den angrenzenden, 1880 angelegten Stadtgarten **Jardim Municipal** 6. Der eigenwillige Leberwurstbaum mit seinen fleischigen Früchten, der Kapokbaum mit stacheligem Stamm und baumwollähnlichen Samen und allerlei andere Raritäten wachsen hier. Entspannung ist im **Café O Concerto** neben der Konzertbühne angesagt. Deutsche Zeitungen und Zeitschriften führt der nostalgische Kiosk an der Straßenseite des Parks.

Im Westen mündet die Avenida Arriaga in den Springbrunnenplatz **Praça do Infante** mit einem Denkmal für Heinrich den Seefahrer, Initiator der portugiesischen Entdeckungsfahrten. Dahinter steigt die **Avenida do Infante** an. Jacarandabäume säumen sie und hüllen sich Ende April bis Anfang Mai in ein violettes Blütenkleid, ein beliebtes Postkartenmotiv. Nebenan ist der **Parque de Santa Catarina** 7 (tgl. 7–20, 22. März–22. Sept. 7–22 Uhr, Eintritt frei) eine Oase mit Hafenblick. Auf die Familie des Inselentdeckers Zarco geht die dortige, gedrungene **Capela de Santa Catarina** in ihren Ursprüngen zurück.

Oben grenzt der üppige Garten der **Quinta Vigia** 8 (Mo–Fr 9–17 Uhr, Fei geschl., 3 €) an den Park. Das rosafarbene Herrenhaus mittendrin lag im 17. Jh. in einer Zuckerrohrplantage, heute ist es offizieller Sitz des Inselpräsidenten und nicht zu besichtigen. Dafür dürfen Sie

FUNCHAL

Sehenswert

1 Igreja do Socorro
2 Fortaleza de São Tiago
3 Barreirinha
4 Cais
5 Palácio de São Lourenço
6 Jardim Municipal
7 Parque de Santa Catarina
8 Quinta Vigia
9 Casino da Madeira
10 Câmara Municipal
11 Igreja do Colégio
12 Convento de Santa Clara
13 Quinta das Cruzes
14 Fortaleza do Pico
15 Lido
16 Doca do Cavacas
17 Madeira Story Centre
18 Casa-Museu Frederico de Freitas
19 CR7 Museu
20 Quinta da Boa Vista
21 Mercado dos Lavradores
22 Armazém do Mercado
23 Blandy's Wine Lodge
24 Sé Catedral

In fremden Betten

1 Albergaria Dias
2 Quinta Penha França
3 Residencial Mariazinha
4 Arts In Conde Carvalhal
5 Vila Terezinha
6 Castanheiro Boutique Hotel

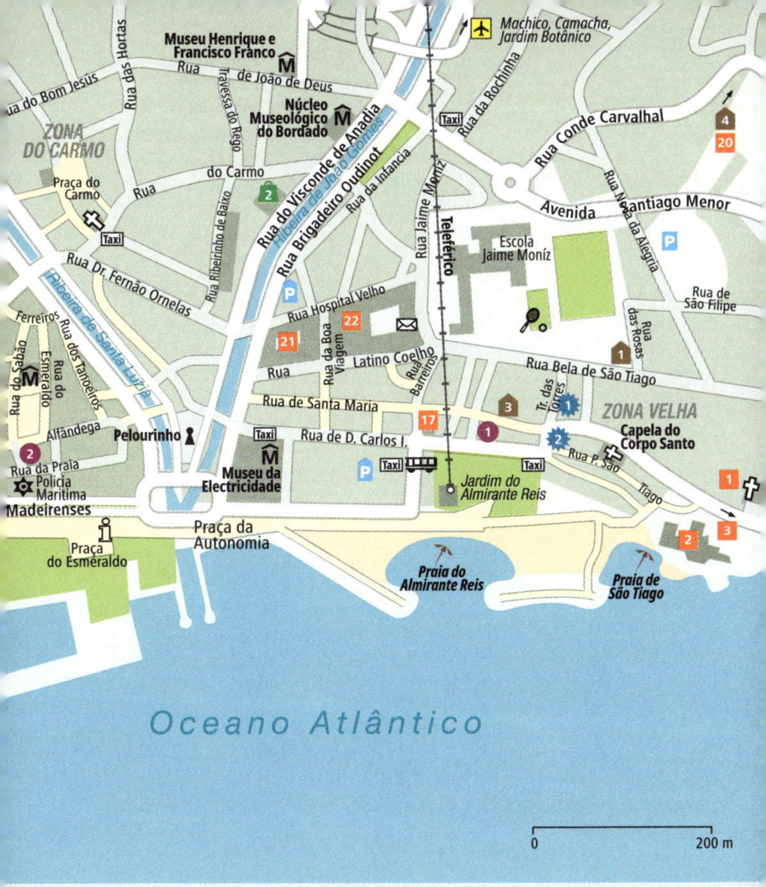

Museu Henrique e Francisco Franco
Rua de João de Deus
Machico, Camacha, Jardim Botânico
Rua do Bom Jesus
Rua das Hortas
Travessa do Rego
Núcleo Museológico do Bordado
ZONA DO CARMO
Praça do Carmo
Rua do Carmo
Rua do Visconde de Anadia
Ribeira de João Gomes
Rua Brigadeiro Oudinot
Rua da Infancia
Rua Jaime Moniz
Teleférico
Rua da Rochinha
Rua Conde Carvalhal
Avenida Santiago Menor
Rua Nova da Alegria
Escola Jaime Moníz
Rua de São Filipe
Rua das Rosas
Rua Ribeirinho de Baixo
Rua Dr. Fernão Ornelas
Ribeira de Santa Luzia
Ferreiros
Rua dos Tanoeiros
Rua do Sabão
Rua do Esmeraldo
Rua Hospital Velho
Rua da Boa Viagem
Rua Latino Coelho
Rua Barreiros
Rua Bela de São Tiago
Tr. das Torres
ZONA VELHA
Capela do Corpo Santo
Rua de Santa Maria
Rua de D. Carlos I.
Rua P. São Tiago
Alfândega
Pelourinho
Museu da Electricidade
Rua da Praia
Polícia Marítima
Madeirenses
Jardim do Almirante Reis
Praça da Autonomia
Praça do Esmeraldo
Praia do Almirante Reis
Praia de São Tiago
Oceano Atlântico

Satt & glücklich

1. O Regional
2. Kampo
3. Informal
4. Dos Combatentes
5. Londres
6. Reid's Palace
7. O Celeiro
8. Apolo

Stöbern & entdecken

1. Plaza Madeira
2. Patrício & Gouveia
3. Fábrica Santo António
4. Mercado de Agricultura Biológica
5. Bio-Logos
6. Freshbio

Wenn die Nacht beginnt

1. Sabor a Fado
2. Venda Velha
3. Café do Teatro

Sport & Aktivitäten

1. Happy Bikes
2. E-Bike Madeira

TEATIME

Kaiserin Sisi, Winston Churchill und Roger Moore nahmen ihn ein. Den *Afternoon Tea* im 1890 eröffneten **Reid's Palace** 6, einer Legende unter den Hotels der Welt. Inzwischen steigt hier zwar nicht mehr der Jetset ab, doch nobel geht es allemal zu. Wer sich die exklusiven Übernachtungspreise nicht leisten möchte, schnuppert beim Tee mit Kuchen, Sandwiches und frisch gebackenen *scones* hinein. Kein Krawattenzwang, aber Sportschuhe und Rucksack sind unerwünscht. Estrada Monumental 139, T 291 71 71 71, www.belmond.com, €€€, Teatime tgl. 15 und 16.30 Uhr, Reservierung erbeten

aber nach Belieben durch den Garten schlendern, einen Blick in die üppig ausgestattete Barockkapelle der Quinta werfen und unter hohen Bäumen zur Aussichtsterrasse im hinteren Teil der Anlage spazieren.

Das **Casino da Madeira** 9 bildet mit dem angrenzenden Casino Park Hotel ein kühnes Ensemble aus Beton, das der brasilianische Architekt Oscar Niemeyer (1907–2012) Anfang der 1970er-Jahre schuf. Er empfand das Spielkasino in Form einer Dornenkrone der Kathedrale von Brasilia nach, der von ihm auf dem Reißbrett entworfenen Hauptstadt Brasiliens. Vor dem Hotel steht **Kaiserin Elisabeth von Österreich,** in Bronze gegossen. ›Sisi‹ verbrachte den Winter 1860/61 auf Madeira um, so hieß es offiziell, eine Lungentuberkulose auszukurieren. In Wirklichkeit wollte sie wohl Abstand von ihrer kriselnden Ehe und der dominanten Schwiegermutter gewinnen. Allerdings soll sie sich auf der Insel fürchterlich gelangweilt und die Zeit mit Kartenspiel totgeschlagen haben. Erst nach ihrer Rückkehr in die K&K-Monarchie verbesserte sich ihr Gesundheitszustand, wenn auch zeitlebens nicht nachhaltig.

Zur Oberstadt hinaufsteigen

Die Kathedrale (▸ S. 28) trennen einige schmale Gassen von der **Praça do Município.** Der weitläufige, mit schwarz-weißem Mosaik gepflasterte Platz wird von der **Câmara Municipal** 10 (Rathaus) beherrscht. Im 18. Jh. für die Adelsfamilie Carvalhal errichtet, kaufte den Palast später die Stadt Funchal. Eingangshalle und Innenhof, beide mit Wandfliesen üppig verschönert, dürfen während der Bürostunden betreten werden. Im Hof steht der vom ehemaligen Marktplatz hierher transferierte Brunnen. Er zeigt eine Szene aus der griechischen Mythologie, Leda und den Schwan in erotischer Pose. Als die in Lissabon angefertigte Skulptur Ende des 19. Jh. in Funchal eintraf, kam es in der erzkonservativen Inselgesellschaft zum Skandal. Ob der Brunnen deshalb später im Rathaus ›versteckt‹ wurde? Das Gebäudeinnere ist nur im Rahmen einer Führung zu besichtigen (Mo–Fr 11 Uhr, 3,50 €, Dauer 1 Std.).

Die barocke Jesuitenkirche **Igreja do Colégio** 11 (Mo–Fr 10–16 Uhr, Eintritt frei) ist unter den Gotteshäusern Funchals am prächtigsten dekoriert. Innen glänzen vergoldete Altäre mit opulenten Wand- und Deckenmalereien um die Wette. Eine Kuriosität am Rande: Über die Reliquien der hl. Ursula und ihrer 11 000 Jungfrauen aus Köln in einem Altar linker Hand wird bis heute gerätselt, wie sie nach Madeira gekommen sind! Es wäre schade, die Kirche zu verlassen, ohne ihren **Turm** *(torre)* bestiegen zu haben (1 €). Sitzgelegenheiten auf der Aussichtsterrasse mit Panoramablick laden zum Verweilen ein. Im ehemaligen Ordenshaus der Jesuiten, das gemeinsam mit der Kirche einen ganzen Häuserblock beansprucht, arbeitet heute ein Teil der Universität von Funchal. In den größeren der beiden **Kreuzgänge** gelangen Sie von der Rua dos Ferreiros aus. Dort stehen Erasmus-Praktikanten bereit, die eine 15-minütige kostenlose Kurzführung durch die angrenzenden Räumlichkeiten anbieten.

An einer x-förmigen Straßenkreuzung erheben sich rechts die innen komplett mit Fliesen ausgekleidete **Igreja de São Pedro** und links ein alter Stadtpalast mit dem **Museu de História Natural do Funchal.** Über das Museum zu erreichen ist eine geheimnisvolle Oase mitten in der Stadt, der **Jardim de Plantas Aromáticas** (Di–Sa 10–18 Uhr, Museum und Garten 4,50 €). Der von hohen Mauern geschützte, duftende Kräutergarten ist ein Paradies für Schmetterlinge. Oft lässt sich hier der auffällig orange und schwarz gezeichnete Monarchfalter blicken, der von Nordamerika über den Atlantik bis nach Madeira fliegt.

Steil steigt die Straße zum **Convento de Santa Clara** 12 (Di–Sa 10–12.30, 14–17 Uhr, 10 €) hinauf. Eine abweisend wirkende Mauer umgibt das Kloster der Franziskanerinnen. Enge Gänge führen vom Hof des Gemäuers durch Ausstellungsräume in den Obstgarten und weiter zum Kreuzgang, wo die Nonnen einen Kindergarten betreiben. Unterwegs gibt es eine Reihe jüngst sorgfältig restaurierter Altäre zu besichtigen. Highlight ist der Raum mit dem Chorgestühl, wo die Schwestern – die früher in strenger Klausur lebten – unsichtbar für die Kirchenbesucher hinter einem Gitter den Gottesdienst verfolgten. Die Wände der Kirche selbst bedecken blau-weiß-gelben Fliesen *(azulejos)*, dank derer sie geradezu orientalisch wirkt. Das Grab des Inselentdeckers João Gonçalves Zarco ist in den Fußboden vor dem Altar eingelassen, dasjenige seines Schwiegersohns Mendes de Vasconcelos – reich verziert im manuelinischen Stil der Zeit um 1500 – steht dicht beim Außenportal.

Nebenan in der **Quinta das Cruzes** 13 – wohl eher in einem Vorläufer des heutigen Gebäudes – residierte Zarco höchstpersönlich. Das Herrenhaus ist in einen märchenhaften **Garten** (Mo–Sa 9.30–17.30 Uhr, Eintritt frei) eingebettet, der zugleich archäologischer Park ist: mit jahrhundertealten Grabplatten, Kreuzen, Wappensteinen und Wasserspeiern aus diversen Kirchen und Palästen der Insel. Prunkstücke sind die beiden mit steinernem Tauwerk, Fantasiefiguren und Pflanzenmotiven verzierten manuelinischen Fensterbögen. Oben im Gewächshaus gedeihen tropische Orchideen. Im Haus, dem heutigen **Museu Quinta das Cruzes** (Di–Sa 10–17.30 Uhr, Fei geschl., 3 €), lässt sich nachvollziehen, wie die feine Inselgesellschaft im 17./18. Jh. lebte. Die umfangreiche Sammlung umfasst Möbel aus brasilianischen Zuckerkisten, Uhren, Krippen, alte Fliesen, Silber und chinesisches Porzellan.

Und die Äste zum Himmel … Ein bizarrer, urzeitlich anmutender Drachenbaum reckt sich der Festung Pico entgegen.

Kulinarische Fülle – im Mercado dos Lavradores

Optischen Genuss, Schnuppern exotischer Gerüche, sinnlichen Einkaufsspaß verspricht der Besuch im Marktgebäude. Tropische Früchte stapeln sich in Körben, unbekannte Fischsorten geben Rätsel auf. Und ein Strauß frischer Blumen im Hotelzimmer, wäre das nicht was?

Freitag ist der Markttag schlechthin! Dann breiten Blumenfrauen, in weiße Blusen und bunte Wollröcke gekleidet, ihr ebenso farbenfrohes Sortiment vor dem **Mercado dos Lavradores** 21 aus. Das Monopol auf den Blumenverkauf haben die Frauen aus Camacha aus der Zeit des frühen Kreuzfahrttourismus herübergerettet. Lief ein Schiff in den Hafen ein, standen sie schon mit frisch im Garten geschnittenen Blumen bereit.

Mit den üblichen Markthallen hat diese hier wenig gemein. Edmundo Tavares, Stararchitekt der Diktaktur, der das Art Déco-Gebäude Ende der 1930er-Jahre entwarf, hatte eine ›Stadt in der Stadt‹ im Sinn. Innen vermitteln Plätze und Straßenzüge, Treppengassen, Winkel und eine Gastronomieaußenterrasse im Obergeschoss diese Illusion.

Käufer und Verkäufer

Durch den Haupteingang defilieren Sie an plakativen Fliesenbildern vorbei, auf denen Szenen aus dem Inselleben vergangener Tage festgehalten sind. Dann stehen weitere Blumenverkäuferinnen Spalier. Sie führen die Klassiker: Strelitzie, Anthurium, Protea, Orchideen.

Im zentralen Patio zeichnet helles und dunkles Pflastergestein kontrastreiche Muster auf den Boden. Am Freitag gesellen sich hier zu den fest installierten Obst- und Gemüsehändlern Bauern aus allen Inselteilen mit ihren Ständen. Das Stimmengewirr ist beachtlich, einheimische Kunden begutachten die dargebotene Ware ganz genau. Wort- und gestenreich kommt es zum Kaufabschluss.

INFOS/ÖFFNUNGSZEITEN

Mercado dos Lavradores 21**:** Largo dos Lavradores, Mo–Fr 7–19, Sa 7–14 Uhr, So geschl.

Neben Vertrautem haben die Händler Ungewohntes im Angebot: tropisches Obst wie *anona* (Cherimoya), *néspera* (Loquat), Papaya und die verschiedensten Maracuja-Sorten. Jedem Hobbykoch, jeder Hobbyköchin geht angesichts der Gemüseauswahl das Herz auf. Steht Ihnen ein Feriendomizil mit Küche zur Verfügung? Dann versuchen Sie sich vielleicht an der stacheligen *pimpinela*, der ›Gemüsebirne‹. Am Hotelbuffet wird sie oft mit dem Kohlrabi verwechselt, die Zubereitung ist im Übrigen ähnlich.

Erstaunlich wenig Fisch

An den Bauernmarkt grenzt eine Treppe tiefer die Praça de Peixe. Hier sehen Sie, was abends im Restaurant auf den Tisch kommt. Mit grimmigem Gesicht und blutiger Schürze warten die Fischhändler auf Käufer, das scharfe Messer in der Hand, um Scheiben vom dunkelroten Fleisch der riesigen Thunfische abzuschneiden. Auch die aalähnlichen, schwarz glitzernden Laiber des *peixe espada* (Degenfisch) liegen auf den langen Tischen. Mit spitzen Zähnen und riesigen Augen, die auf seinen Lebensraum – die Tiefsee – verweisen, sieht er furchteinflößend aus.

Wenn Sie die Vielfalt anderer südländischer Fischmärkte kennen, sind Sie vielleicht enttäuscht? Madeiras Fischer kommen meist mit bescheidenen Fängen heim. Ortsansässige Meeresbiologen bezeichnen den Mittelatlantik gern als die ›Wüste der Ozeane‹. Schließlich liegt er auf der geografischen Breite der Sahara.

Sie bevorzugen eine neue urbane Kultur? Dann schauen Sie doch einmal im **Armazém do Mercado** 22 vorbei. Auf einem ehemaligen Fabrikgelände haben sich ein paar Künstler, Kunsthandwerker und ein Gebrauchtbuchhändler angesiedelt. Im ruhigen Innenhof, in dem Kinder ungefährdet spielen können, serviert Boba & Chill einen perligen Bubble Tea und hält Brettspiele bereit.

Rua Latino Coelho 39/Rua Hospital Velho 28, www.armazemdomercado.com, Geschäfte Mo–Fr 11–16, Sa 11–13, Boba & Chill Mo–Fr 12–20, Sa 11–15 Uhr

Im Eintopf, im Kuchen und selbst in der Marmelade – Kürbis gehört auf Madeira einfach dazu.

Faltplan: Karte 3, E 4 | **Cityplan:** S. 18

Hinaus, hinaus aufs Meer: Für die Fischer Lebenserwerb, beim Sonnenuntergangstörn oder Whale-Watching mit einem der zahlreichen Ausflugsboote: Urlaub pur

Wenn Sie noch Kraft haben, können Sie zur **Fortaleza do Pico** 14 hinaufsteigen. Die Wehrmauer der dunklen Festung auf dem 111 m hohen **Pico dos Frias** sicherte mit ihren Kanonen in früheren Jahrhunderten den Hafen. In einem schummrigen Gewölbe illustriert eine Ausstellung die Geschichte der Festung. Einen genialen Blick über Funchal bietet die vordere Wehrmauer (Mo-Fr 10-12.30, 14-17 Uhr, Eintritt frei). Am Westabhang erstreckt sich ein frei zugänglicher Garten mit Terrassencafé.

Baden und promenieren im Westen

Wer im Meer baden möchte und nicht in einem der Großhotels mit eigenem Atlantikzugang wohnt, hat es in Funchal gar nicht so leicht. Von den Altstadtbadeplätzen abgesehen werden Sie erst weit im Westen fündig. Dorthin gelangen Sie mit einem der vielen Stadtbusse, die durch das Hotelviertel an der Estrada Monumental verkehren. Das Schwimmbad **Lido** 15 markiert den Beginn einer langen Promenade, die – an schicken Strandlokalen vorbei – den Badekomplex **Ponta Gorda** berührt. Beide Anlagen sind ganzjährig geöffnet (Eintrittsgebühr) und ähnlich ausgestattet, mit Bars, Pools, Liegeflächen, Verleih von Liegen und Sonnenschirmen sowie der Möglichkeit, bei ruhiger See direkt ins Meer zu steigen. Damit sind die Möglichkeiten an der Promenade – übrigens auch die beste Strecke für Jogger und Walker in Funchal – noch lange nicht erschöpft. An der Ponta da Cruz folgt die kleinere, schnuckelige Badeanlage **Doca do Cavacas** 16 (Gebühr, mit Fischrestaurant). Ein Fußgängertunnel erschließt von dort aus den längsten Strand Madeiras (800 m), die kiesige **Praia Formosa** (Stadtbus Linie 43 ab Av. do Mar). An deren Westabschnitt und in angrenzenden, kleineren Buchten hat sich etwas Sand angesammelt. Umkleiden, Duschen und Bars sind vorhanden.

Wenn Sie lieber laufen statt baden möchten, können Sie der nun spektakulär an der Steilküste geführten Promenade bis zum Fischerort Câmara de Lobos folgen (5 km ab Lido).

Aufs Meer hinaus

Im Hafen von Funchal starten das ganze Jahr über jede Menge **Bootsausflüge**. Der stilvolle Motorsegler **Gavião** (T 291 24 11 24, www.facebook.com/gaviao.madeira) bietet Halbtagestörns und Abendausfahrten. Die **Ventura do Mar** (T 291 09 85 90, www. venturadomar.com), ein weiterer Motorsegler der klassischen Art, schippert Richtung Cabo Girão und zur Sichtung von Seevögeln, Delfinen und Walen. Mit der 23 m langen Karavelle **Bonita da Madeira** (T 291 76 22 18, www.bonitadamadeira.com) geht es zur Ponta de São Lourenço (▸ S. 52) oder zur Beobachtung von Meeressäugern.
Ganz in Whalewatching macht die Familie des letzten Walfängers von Caniçal unter dem Namen **Rota dos Cetáceos** (Marina Shopping Center, Ladenlokal 247, T 918 82 82 42, www.rota-dos-cetaceos.pt), veranstaltet Ausfahrten mit einem Zodiac oder Motorkatamaran in Begleitung eines Meeresbiologen. Der behäbige Nachbau des Kolumbus-Flaggschiffs **Santa Maria de Colombo** (Praça do Povo, T 291 22 56 95, www.santamariadecolombo.com, ▸ S. 46) läuft 2 x tgl. zu dreistündigen Exkursionen aus. Unterwegs hält die Besatzung nach Walen und Delfinen Ausschau und ermöglicht den Passagieren bei geeignetem Wetter einen Sprung ins Wasser. Wer es schnittiger mag, ist mit einem der Segelkatamarane von VMT Madeira (T 291 22 49 00, www.vmtmadeira.com) gut bedient, besonders romantisch sind die Törns zum Sonnenuntergang. Alle Anbieter betreiben Ticketschalter am Jachthafen, wo die Boote auch ablegen. Kosten ca. 40 €/Pers.

Expeditionen zu den Ilhas Desertas

▸ S. 107

MUSEEN, DIE LOHNEN

Geschichtsunterricht einmal anders

Madeira Story Centre 17

Geschichte ist langweilig? Hier nicht. Spielerisch und alle Sinne ansprechend führt das Museum durch die Zeiten, von den vulkanischen Ursprüngen der Insel über Entdeckungsfahrten und Piratenüberfälle, die glanzvolle Epoche des Zucker- und Weinexports bis in unsere Tage. Professionell gemacht!

Rua de D. Carlos I. 27–29, www.madeirastorycentre.com, tgl. 9–19 Uhr, 5 €

So lebte, wer es sich leisten konnte

Casa-Museu Frederico de Freitas 18

In dem Stadtpalais aus dem 18. Jh. wohnte bis zu seinem Tod 1978 der Sammler Dr. Frederico de Freitas. Sehenswert etwa die Eingangshalle mit Jugendstil-Akzenten, ein prachtvolles Speisezimmer mit schweren Lüstern oder der Lustpavillon im Garten.

Calçada de Santa Clara 7, www.facebook.com/cmfredericofreita, Di–Sa 10–17.30 Uhr, 3 €

Beim Weltfußballer

CR7 Museu 19

Cristiano Ronaldo schuf auf seiner Heimatinsel sein eigenes Museum. Hier stellt er alle von ihm errungenen Trophäen aus und dokumentiert mit Fotos die Höhepunkte seiner Karriere. Wer mag, kann sich neben seiner lebensgroßen Wachsfigur ablichten lassen.

Praça do Mar 27, www.museucr7.com, Mo–Fr 10–17 Uhr, 5 €

SCHLEMMEN, SHOPPEN, SCHLAFEN

In fremden Betten

Ferienfeeling am Altstadtrand

Albergaria Dias 1

Das kleine Hotel liegt fernab des Trubels und doch nur wenige Schritte vom Geschehen entfernt. Seniorchef João Sabino Dias setzt auf familiäre Atmosphäre und individuellen Empfang seiner Gäste. Alles, was eine Urlaubsunterkunft ausmacht, ist vorhanden: Balkonzimmer, Garten mit Pool und Liegeflächen, Fitnessraum, Sauna. Morgens wird ein abwechslungsreiches Frühstück aufgetischt.

Rua Bela de São Tiago 44, T 291 20 66 80, www.albergariadiashotel.com | €€

Ein uriges Gewölbe – **die alte Blandy-Weinkellerei**

Im Idealfall reift der Madeirawein in alten Eichenfässern. Ein ehrwürdiges Weinlager können Sie in Funchal besichtigen, eine Probe inbegriffen. Die ambitionierten Winzer der Firma Blandy pflegen ihre edlen Tropfen mit Bedacht, im Verlauf der Jahre werden sie immer besser.

Eine schmale Pflastergasse führt hinein. **Blandy's Wine Lodge** 23 geht auf ein Franziskanerkloster des 17. Jh. zurück. Ja, auch die Mönche kelterten hier schon Wein, doch mit dem aktuellen Produkt war dieser nur entfernt verwandt. Erst englische Weinhändler kreierten vor rund 200 Jahren den Vinho da Madeira. Nach wie vor wird er nach den Vorgaben hergestellt, die in der exklusiven ›*factory*‹, einer Art Industrie- und Handelskammer der auf der Insel ansässigen Briten, seinerzeit festgelegt wurden.

Bis heute kommt rund die Hälfte des Madeiraweins unter englischen Markennamen in den Handel, die führende Rolle hat inzwischen die Firma Blandy übernommen. Ihren Traditionskeller hat sie in ein interaktives, die Sinne ansprechendes Museum umgewandelt. Wenn Sie mögen, können Sie sich einer Führung in deutscher Sprache anschließen, sehen altertümliche Gerätschaften, schwer zu entziffernde Dokumente und verblichene Fotos.

Zumindest irreführend ist der Ausdruck ›Kellerei‹. Madeirawein darf in den ersten Jahren nicht kühl gelagert werden. So kommen die Fässer nach der Gärung zunächst einmal auf den warmen Dachboden, wo der Wein einen sanften Karamellgeschmack annimmt, sein Markenzeichen. Im industriellen Verfahren wird er zu diesem Zweck für einige Monate im Stahltank auf 40 °C erwärmt. Erst dann gewöhnt er sich allmählich an niedrigere Temperaturen. Sehr alte Weine können dann durchaus auch im Keller weiterreifen.

Finstere Katakomben

Das säuerliche Aroma vergorener Trauben hängt in der Luft und vermischt sich mit dem herben Geruch modernden Holzes. Durch ein aufgeschnittenes Mega-Weinfass betreten Sie den Keller, in dem sich weitere Fässer an den Wänden stapeln. Sie tragen die Beschriftungen Sercial, Verdelho, Boal und Malvasia. In dieser Reihenfolge werden die raren, weißen Rebsorten trocken, halbtrocken, halbsüß und süß ausgebaut, wie die charmante Führerin erzählt. Die ergiebigere rote

Sorte Tinta Mola Negre, mit dem Rotburgunder verwandt, liefert die Masse des Madeiraweins – gute Qualität, aber nicht so ›top‹ wie die anderen. Zu erkennen im übrigen daran, dass bei Tinta Mola Negre als Ausgangsbasis auf dem Flaschenetikett nicht die Rebsorte verzeichnet ist, sondern lediglich etwa *dry* oder *sweet* darauf zu lesen steht.

Ähnlich wie Sherry oder Portwein wird der Madeirawein ›aufgespritet‹ auf einen Alkoholgehalt von 18 bis 20 %. Beim Transport per Schiff durch tropische Breiten, etwa nach Indien, verhinderte dies früher ein Umkippen des Weins. Lediglich als Gerücht anzusehen sind hingegen Erzählungen, wonach der Wein durch das Schaukeln auf hoher See seinen Geschmack zum Besseren veränderte.

Zum Testen gebeten

Im Anschluss winkt die Probe in der **Max Römer Taste & Buy Bar**. Der deutsche Künstler Max Römer, von 1922 bis zu seinem Tod 1960 auf Madeira ansässig, verzierte den Raum mit allegorischen Wandmalereien zum Thema Wein und Weinlese. Edlere Tropfen, die viele Jahre im Fass reifen, werden im Rahmen der englischsprachigen ›Vintage Tour‹ im **Frasqueira Vintage Room** ausgeschenkt.

Jahrgangsweine sind eher selten. Vielleicht finden Sie ja Ihr Geburtsjahr? Zur Madeiraweinprobe gehören die typischen, bauchigen Gläser.

INFOS/ÖFFNUNGSZEITEN

Blandy's Wine Lodge
23: Av. Arriaga 28, www.blandyswinelodge.com, Mo–Fr 10–16, Sa 10–13 Uhr, Premium Tour, 45 Min. 15 €, Vintage Tour 60 Min. 30 €

KULINARISCHES FÜR ZWISCHENDRIN

In Funchal gibt es noch jahrhundertealte *celeiros*, Weinkeller, die früher zu den Häusern der Weinhändler gehörten und sich manchmal zu Gaststätten weiterentwickelten. Eine davon hat überlebt. Das originelle Restaurant **O Celeiro** 7 liegt heute mitten im Szene-Ausgehviertel und verfügt auch über eine luftige Terrasse in der schmalen Fußgängerzone. Aus der Küche kommen regionale Spezialitäten (Rua dos Aranhas 30, T 291 23 06 22, www.facebook.com/restoceleiro, Mo–Fr 12–15, 18.30–23, Sa 18.30–23 Uhr, €€).

Faltplan: Karte 3, D 4 | **Cityplan:** S. 18

Bastion des Glaubens – die Kathedrale von Funchal

Kirchen liegen ja heute in Reisebüchern nicht mehr im Trend. Warum ich Ihnen den madeirensischen ›Dom‹ trotzdem vorstelle? Weil hier das Herz der Stadt schlägt. Tag für Tag finden sich zahllose Gläubige auf den harten Holzbänken ein, um Andacht zu halten oder der Messe beizuwohnen.

Neben dem Eingang segnet Johannes Paul II. – in Bronze gegossen – seine Schäflein. Blumengaben liegen am Fuß der Statue. Der ›Reisepapst‹ mit einem Faible für Portugal kam 1991 auch nach Madeira, um im Fußballstadion vor mehreren tausend Menschen zu predigen. Seither genießt er auf der Insel höchste Verehrung.

Das Erbe der Mauren

Durchaus streng wirkt die Vorderfront der **Sé Catedral** 24 mit einer vom Zahn der Zeit schon arg angenagten Engelsfigur über dem Portal. Das Kircheninnere ist stets ein wenig düster. An der Seitenwand flackern die von Gläubigen entzündeten Lichter und sorgen für eine mystische Atmosphäre. In den Gängen laufen die meisten Besucher achtlos über die letzten Ruhestätten flämischer Zuckerhändler, die im 16. Jh. in den Boden eingelassen wurden. Die steinernen Grabplatten importierten sie schon zu Lebzeiten aus Antwerpen, um in »heimatlicher Erde« beigesetzt zu werden.

Beim Blick an die Decke dann das Aha-Erlebnis: Die kostbare Kassettendecke hat 500 Jahre überdauert, ohne dem Insektenfraß zum Opfer zu fallen, dem harten Holz des einheimischen Wacholders, der Madeira-Zeder, sei Dank. *Mudejares*, nach der Reconquista in Portugal geduldete Mauren, zeichneten wohl für das aufwändige Schnitzwerk mit Elfenbeinintarsien verantwortlich. Details erkennen Sie im helleren Teil des Kirchenraums vorne rechts oder wenn die Deckenbeleuchtung eingeschaltet ist (s. Info-Block).

INFOS/ÖFFNUNGSZEITEN

Sé Catedral 24: Largo da Sé, www.catedraldofunchal.com, Mo–Fr 7.15–18.30, Sa 8–12, 16.15–19, So 7.30–12, 16.15–19 Uhr, Deckenbeleuchtung Mo–Sa 10.45–11, So 11–12 Uhr, Eintritt frei

---

KULINARISCHES FÜR ZWISCHENDRIN

Den bequemsten Kathedralenblick bietet vis-à-vis die Terrasse des Café-Restaurants **Apolo** 8 (Rua Dr. António José de Almeida 21, T 291 22 39 33, tgl. 8–23 Uhr, €€). Im astreinen Art-Déco-Stil der 1930er-Jahre errichtet, ziert seine Fassade ganz oben ein verspielter Blumenfries aus bunt bemalten Fliesen *(azulejos)*.

Sakraler Prunk

König Manuel I., der zur Erbauungszeit der Sé Catedral (Anfang 16. Jh.) in Portugal regierte, ließ sich nicht lumpen und gab großzügig Geld für die vorderen Altarräume, die einen Hochaltar mit eleganten Tafelbildern und ein mit satirischen Figuren dekoriertes Chorgestühl erhielten. Jüngeren Datums sind die vielen Barockaltäre (18. Jh.), allen voran der üppig vergoldete der Allerheiligstenkapelle vorne rechts. Ganz aus Silber besteht der mit Blumenmotiven geschmückte Altaraufsatz in der Josefskapelle im rechten Seitenschiff.

Ein Spaziergang zur äußeren Rückseite der Kathedrale zeigt: Dort hat der Baumeister seiner Fantasie freien Lauf gelassen und eine prächtige Balustrade im manuelinischen Stil – nach besagtem König benannt – geschaffen, mit Ritterkreuzen und spitzen, wie Schneckenhäuser gedrehten Türmchen.

Die Sé Catedral schrieb Historie. 1517 eingeweiht, war sie die erste Bischofskirche außerhalb Europas. Zunächst einmal ließ sich aber keiner der Würdenträger auf Madeira blicken. Erst der vierte Bischof trat sein Amt wirklich an und betreute von hier aus gleich ganz Westafrika mit. Demgegenüber nimmt sich der Wirkungsbereich des heutigen Amtsinhabers, Madeira und Porto Santo, eher bescheiden aus.

In der Hauptgeschäftsstraße von Funchal geben sich die Einheimischen Tag für Tag ein Stelldichein. Die Kathedrale bildet im Hintergrund die Kulisse dazu.

Faltplan: Karte 3, E 4 | **Cityplan:** S. 18

In einem madeirensischen Garten
Quinta Penha França 2

Das nostalgische Herrenhaus ergänzen ein moderner Anbau und das Schwesterhotel Quinta Penha França Mar (mit eigenem Zugang zum Meer). Am schönsten sind aber nach wie vor die kleinen Gartenzimmer mit eigener Terrasse. Erwarten Sie angesichts des günstigen Preises trotz der vier Sterne keinen wirklichen Luxus. Aber wer die Parkatmosphäre und die Nähe zur Innenstadt zu schätzen weiß, bettet sich hier richtig.

Rua Imperatriz D. Amélia, T 291 20 46 50, www.penhafrancahotels.com | €€

In einem denkmalgeschützten Haus
Residencial Mariazinha 3

Die gehobene Pension der Marke Petit Hotels ist ideal für Stadtfans, die nach dem Absacker in der Altstadtkneipe direkt ins Bett fallen wollen. Schließlich liegen hier die netten Lokale unmittelbar vor der Tür. Wegen des nächtlichen Lärmpegels empfiehlt sich ein Zimmer mit Fenster zum Innenhof.

Rua Santa Maria 155, T 291 22 02 39, www.petit-hotelsmadeira.com | €

Kellner im ›Außendienst‹ müssen hart im Nehmen sein. Oft werden sie ignoriert oder abschlägig beschieden beim Versuch, Touristen in ihr Lokal zu locken. Dabei handelt es sich vielfach um die fähigsten Köpfe des Restaurants, die wegen ihrer Sprachkenntnisse und des geschmeidigen Auftretens zum Dienst an der Tür abgestellt sind. Ein einfaches »Nein, danke!« genügt meist, um in Ruhe gelassen zu werden. Oder Sie lassen sich auf das Spiel ein, bekommen hier und da die Speisekarte und die Auswahl an frischem Fisch erläutert, bevor Sie Ihre Wahl treffen.

Charmante Quinta in modernem Look
Arts In Conde Carvalhal 4

Ein Mini-Hotel der Kontraste: Hinter der Fassade eines alten Herrenhauses verbergen sich Zimmer und Suiten in modernem Design, allesamt mit Kitchenette ausgestattet, manche bieten auch einen Blick über die Altstadt zum Meer. Relaxt wird auf der Pergola-Terrasse oder im hauseigenen Landhausgarten. Das Wohnumfeld ist gehoben traditionell.

Rua Conde Carvalhal 53, T 291 72 14 03 | €€ (Buchung über die einschlägigen Internetseiten)

Beschauliche Frühstückspension
Vila Terezinha 5

Die familiengeführte Unterkunft liegt relativ ruhig in einem traditionellen Stadthaus oberhalb der City. Auf der begrünten und möblierten Dachterrasse lassen sich Kontakte zu Mitreisenden knüpfen. Gemeinsam schaut man über Funchal hinweg zum Meer. Wer die Aussicht lieber alleine genießt, bucht ein Balkonzimmer.

Rua das Cruzes 21, T 291 74 17 23, www.vilateresinha.com | €

Atmosphäre vom feinsten
Castanheiro Boutique Hotel 6

Fünf Stadthäuser aus drei Jahrhunderten wurden zu einem coolen Hotel zusammengefasst. Obwohl es zentraler kaum geht, grenzen zwei eher ruhige Straßen an. Die Würze liegt hier im Detail, die Einrichtung ist in jedem Winkel für Überraschungen gut. Auf der Dachterrasse trifft sich zum Chillen am Feierabend die Schickeria von Funchal.

Rua do Castanheiro 31, T 291 20 01 00, www.castanheiroboutiquehotel.com | €€€

Satt & glücklich

Einheimische Spezialitäten
O Regional 1

Bitte nicht von der folklorebetonten Einrichtung abschrecken lassen: Hier wird astreine madeirensische und portugiesische Küche gepflegt.

Statt wie üblich im Duo mit einer Banane kommt der panierte Degenfisch hier mal auf Süßkartoffeln und frischem Gemüse arrangiert daher.

Rua de D. Carlos I. 54, T 291 23 29 56, www.restauranteoregionalfunchal.com, tgl. 11–23 Uhr | €€

Autorenküche

Kampo ❷

Júlio Pereira offeriert ambitionierte Küche abseits des Mainstreams, und für das Gebotene gar nicht mal teuer. Eher auf Fleisch spezialisiert, etwa *Dry Aged Meat*.

Rua do Sabão 6, T 924 43 80 80, https://kampo.pt, tgl. 12.30–22 Uhr | €€€

Trendig & rustikal

Informal ❸

Hier wird kreativ und hochwertig gekocht, auch vegetarisch und vegan. Die Karte wechselt wöchentlich. Das Lokal gehört zur neuen Generation von Restaurants, mit schickem Design und professionellem Team.

Rua das Murças 39, T 924 25 32 93, www.informalfoodexperience.com, So Ruhetag, Sa nur abends geöffnet | €€

Gediegener Klassiker

Dos Combatentes ❹

Das Innenstadtlokal existiert schon ewig und ist meist gut besucht, auch von Einheimischen. Es geht stilvoll, aber nicht überkandidelt zu. Hier wird, wie es die Portugiesen lieben, nur drinnen gegessen (keine Terrasse). Bodenständige Küche.

Rua de São Francisco 1, T 291 22 13 88, Mo–Fr 11.45–15.30, 18–22.30, Sa 18–22.30 Uhr, So geschl. | €€

Wirklich typisch

Londres ❺

Auf den ersten Blick macht das kleine Lokal nicht viel her. Aber hier wird absolut solide portugiesische Küche in klassischer Manier geboten. Auch als Einzelgast fühlt man sich wohl.

Rua da Carreira 64, T 291 23 53 29, Mo–Sa 11.45–15.45, 18–22 Uhr | €€

Stöbern & entdecken

Wichtigste Einkaufsstraßen in der Baixa, der Innenstadt von Funchal, sind die Rua do Aljube, Rua da Carreira und Rua Dr. Fernão Ornelas. Den hier ansässigen, meist alteingesessenen Geschäften machen drei moderne Einkaufszentren Konkurrenz, in denen zahlreiche Markenstores und Fastfoodlokale unter einem Dach vertreten sind. Das kleinste davon liegt fußgängerfreundlich im Stadtzentrum: **Plaza Madeira**  (Rua João Brito Câmara, https://plazamadeira.pt, tgl. 9–22 Uhr). Dort finden Sie – auch nicht unwichtig – im Untergeschoss und über breite Rolltreppen zu erreichen einen gut bestückten Supermarkt der Kette ›Pingo Doce‹.

Madeiras größte Stickereifirma
Patrício & Gouveia
Hier lockt nicht nur der Verkaufsraum mit sowohl nostalgischen als auch modernen, in jedem Fall nicht ganz billigen Madeira-Stickereien. Auch die Manufaktur, in der noch wie anno dazumal gewerkelt wird, öffnet ihre Räume für Besucher (Aufzug und Treppe rechts neben dem Laden).
Rua do Visconde de Anadia 34

Traditionsnaschwerk

Fábrica Santo António
In dem musealen Laden gibt es direkt vom Hersteller leckeren *bolo de mel* (Honigkuchen) und zahlreiche andere süße Versuchungen. Hier werden die Fenchelbonbons noch nach Originalrezept zubereitet.
Travessa do Forno 27

Bio-Produkte
Jeden Mittwoch von 9 bis 13 Uhr verkaufen lokale Erzeuger auf dem **Mercado de Agricultura Biológica** (Avenida Arriaga, Westteil) ihr ökologisch produziertes Obst und Gemüse. Außerdem führen das Reformhaus **Bio-Logos** (Rua Nova de São Pedro 34) und der Lebensmittelladen **Fresh-bio** (Rua de São Martinho 1, auf dem Großmarktgelände) Bio-Produkte.

Wenn die Nacht beginnt

Das szenige Flair der Zona Velha wird gerne mit dem Bairro Alto in Lissabon verglichen. Musikkneipen und hippe Bars häufen sich in der Rua de Santa Maria und der Rua de D. Carlos I. Ein zweiter Hotspot des gepflegten Nachtlebens sind die Straßen und Gassen hinter dem Jachthafen. Junge Einheimische zieht es an Wochenendabenden auch an die Strandpromenade am Lidoschwimmbad.

Melancholische Livemusik
Sabor a Fado
In einem schummrigen Altstadthaus singt die ganze Wirtsfamilie den Fado, nicht nur klassisch sentimental, sondern auch schon einmal mit gepfeffertem Humor. Am frühen Abend ist Essen Pflicht (€€), später genügt ein Drink.
Travessa das Torres 10

Wunderbare Kultkneipe
Venda Velha
Das Lokal kommt im Design eines alten Tante-Emma-Ladens daher. Getrunken wird *poncha*, der Madeira-Cocktail schlechthin. Oft erklingt alternative Livemusik.
Rua de Santa Maria 170

Künstler- und Intellektuellentreff
Café do Teatro
Tagsüber Straßencafé, abends Bar, immer ist im Theatercafé etwas los. Im Innenhof finden oft Livekonzerte statt. Vor dem Haus sitzen Sie mitten im Geschehen, zum Leute gucken ideal.
Av. Arriaga

Sport & Aktivitäten

Funchal per Drahtesel
Die Stadt bietet nicht wirklich ideale Bedingungen für Radfahrer. Wer es trotzdem versuchen möchte, kann bei **Happy Bikes** (Rua Princesa D. Amélia 7, T 291 24 30 08, www.happybikes.pt) oder bei **E-Bike Madeira** (Estrada Monumental 182, T 926 67 28 08, www.ebikemadeira.com) Mountainbikes und E-Bikes mieten. Fahrradtransport in Stadtbuslinien je nach Verfügbarkeit von Stauraum möglich.

Infos

Posto de Turismo: Av. Arriaga 16, T 291 21 19 02, www.visitmadeira.com, Mo–Fr 9–19, Sa/So 9–15.30 Uhr. Außenstelle im Hotelviertel von Funchal (Estrada Monumental 175, tgl. 9.30–16 Uhr).
Regionalbusse: ▸ S. 112
Stadtbusse: Horários do Funchal, www.horariosdofunchal.pt. Die Endstationen fast aller Linien der

Ein Fest im Rausch der Farben: Von den Eltern prächtig ausstaffiert, feiern Kinder den Frühlingsbeginn beim Blumenfest.

orangefarbenen Stadtbusse reihen sich an der Avenida do Mar. Dort betreibt die Gesellschaft auch drei Infokioske. Das Einzelticket kostet beim Fahrer 1,95 € (Umsteigen nicht erlaubt). An den Infokiosken und in weiteren Verkaufsstellen sind Mehrfachtickets zum Aufladen erhältlich, die Fahrt kostet dann 1,35 €. Außerdem gibt es Netzkarten, z.B. für 1 Tag 4,50 €.

Linha Cidade/Linha Eco Cidade: Umweltfreundliche Elektro-Minibusse der Horários do Funchal (Linien 05 und 05B) verkehren Mo–Fr alle alle ca. 45 Min. auf Rundkursen durch die Innenstadt, zum Beginn der Hafenmole (Kreuzfahrtterminal) und zum Lido. Keine festen Haltestellen, Stopp auf Handzeichen. Es gelten die gleichen Tarife wie für die großen Stadtbusse.

Sightseeingbusse: Carristur Yellow Bus (www.yellowbustours.com) und CitySightseeing Funchal (www.city-sightseeing.com). Offene Doppeldeckerbusse kreuzen durch die Stadt und nach Câmara de Lobos. Infos auf Deutsch, die Fahrt kann unterwegs innerhalb von 24 bzw. 48 Std. nach Belieben unterbrochen werden, Abfahrten ca. alle 30 Min. (tgl. ca. 9.30–17 Uhr). Carristur bietet zusätzlich Fahrten zum Cabo Girão an, mit CitySightseeing geht es auch nach Monte. Ticket ab ca. 20 €.

Tuk Tuk: Im Trend liegen Fahrten mit Auto-Rikschas nach asiatischem Vorbild. Die Gefährte mehrerer Anbieter warten am Hafen und in der Zona Velha. Unterschiedlichste Touren durch die Stadt und ihre Umgebung ab ca. 28 €.

Fähre: ▸ S. 108

TERMINE

Carnaval: Am Karnevalssamstag zieht ein großer Samba-Umzug im brasilianischen Stil durch die Straßen. Der Umzug am Karnevalsdienstag mit Kostümgruppen, die Ereignisse aus der Lokalpolitik satirisch aufarbeiten, ist bodenständiger.

Festa da Flor: Am ersten Wochenende im Mai erreicht das Blumenfest seinen Höhepunkt. Es wurzelt in einer uralten Feier zur Begrüßung des Frühlings. Am Samstag endet unter den stolzen Blicken der Eltern ein Kinderumzug mit dem Aufbau einer Blütenwand vor dem Rathaus

Froschschenkel essen ist ja heute zum Glück verpönt. Ganz anders vor 200 Jahren. Damals leckten sich Adel und Großbürgertum die Finger nach der exklusiven Speise. Conde Carvalhal konnte sie seinen illustren Gästen bieten. Er hatte Frösche aus Europa importiert und in den Teichen seines Parks ausgesetzt. Eine Einladung beim Grafen wurde aus diesem und anderen Gründen selten ausgeschlagen. Heute dürfen die Tiere nicht nur in den Palheiro Gardens (▸ S. 35) unbehelligt quaken, sondern sind von hier aus auf die ganze Insel ausgewandert.

und dem Freilassen von Friedenstauben. Am Sonntag ziehen ab 16 Uhr Prunkwagen und Tanzgruppen über die Avenida do Mar. Das Rahmenprogramm mit Blumenmarkt, Blütenteppichen und Folkloregruppen erstreckt sich über drei Wochen. Infos: www.visitmadeira.com

Festival do Atlântico: Juni. An vier Samstagabenden wird am Hafen Feuerwerk abgeschossen, jeweils unter einem anderen Motto. Integriert ist das dreitägige Festival Raízes do Atlântico mit Pop- und Folklorekonzerten auf der Praça do Povo. Infos: www.visitmadeira.com

Funchal Jazz Festival: erste Juliwoche. An mehreren Tagen finden Jazzkonzerte mit bekannten einheimischen und internationalen Musikern statt. Hauptschauplätze sind der Parque de Santa Catarina und das Auditorium im Jardim Municipal. Infos eher kurzfristig unter: www.funchaljazz.com

Festa do Vinho: Ende Aug. bis Mitte Sept. Zum Abschluss der Weinlese feiert Funchal das 14-tägige Weinfest. In der Avenida Arriaga tanzen Folkloregruppen, auf der Praça do Povo lädt die Madeira Wine Lounge zu Proben ein, und nebenan auf der Bühne treten Musiker auf.

Fim do Ano: 31. Dez./1. Jan. Das Silvesterfeuerwerk zählt zu den berühmtesten der Welt. 2006/07 schaffte es das Spektakel vorübergehend sogar ins Guinness-Buch der Rekorde.

In der Umgebung

Ein verwunschener, überwucherter Laubengang führt in den wildromantischen Garten der **Quinta da Boa Vista** **20**. Im Gewächshaus sorgen Gazenetze für Halbschatten und schwüle Luft. So mögen es tropische Orchideen. Dies ist das Reich von Patrick Garton, dessen Familie sich hier seit den 1960er-Jahren der Zucht der ›Königinnen der Blumen‹ widmet. Auch Bromelien und andere Exoten fehlen nicht. Mit etwas Glück erhalten Sie eine Führung auf Deutsch durch den Hausherren persönlich.

Rua Lombo da Boa Vista 25 (ab Estrada Conde de Carvalhal ausgeschildert), Mo–Fr 9–18 Uhr, 5 €, Stadtbus 31, 32

Pflanzen aus aller Welt

Ehrwürdige Bäume stehen im **Jardim Botânico da Madeira** um eine Villa aus dem 19. Jh. Hier wohnte seinerzeit die berühmte Hoteliersfamilie Reid. In Terrassen senkt sich der blühende Garten ab, mit Grotten und Froschtümpeln, Pfaden und Stufen, die darin verteilt sind. Ein geometrischer Teppich aus roten und grünen Blattpflanzen in allen Farbnuancen ist ganzer Stolz des Botanischen Gartens und beschäftigt Heerscharen von Gärtnern. Weitere Hingucker sind riesige Sukkulenten, exotische Obstbäume, Palmen von allen Kontinenten und bizarr gestutzte Formschnittgehölze. Nach dem Rundgang ist es angenehm, in der Cafeteria mit Blick auf Funchal eine Pause einzulegen.

Caminho do Meio, Garten tgl. 9–18 Uhr, Museum bis 17.30 Uhr, 25.12. geschl., 7,50 €, Stadtbus 31

Urzeitliche Drachenbäume

Die seltsamen Bäume recken ihre spitzen Blätter zum Himmel. An die Krallen eines Drachen sollen sie erinnern, daher der Name. Einige stattliche Exemplare, die hier seit Menschengedenken stehen, wurden im **Núcleo de Dragoeiros das Neves** mit weiteren einheimische Pflanzen zu einem lauschigen Garten vereint. Früher waren Drachenbäume im milden Inselsüden weit verbreitet, doch nur dieser eine ›wilde‹ Standort blieb erhalten. Die Nutzung ihres roten Harzes, des ›Drachenbluts‹, als Naturfarbstoff machte den Urweltriesen den Garaus. So hat der *dragoeiro* auf Madeira ansonsten nur als Zierpflanze überlebt.

São Gonçalo, nahe Miradouro das Neves an der ER 204 Funchal-Caniço, Mo–Fr 9–12.30, 14–17.30 Uhr, Eintritt frei

Traumgarten der Familie Blandy

Knorrige Kamelien säumen die Zugangsallee der **Palheiro Gardens**. Vor rund 200 Jahren pflanzte sie Graf Carvalhal, seinerzeit der reichste Mann auf Madeira und Gründer des Parks, der hier auf die Pfauenjagd ging. 1885 übernahm die englische Weinhändlerfamilie Blandy den Landsitz. Sie bewohnt ihre Villa im oberen Gartenteil bis heute. Darunter liegt der *Sunken Garden* mit Seerosenteich. An ihn grenzen ›Gartenzimmer‹ – rechteckige Rasenflächen, vom Blumenrabatten gesäumt und je ein Baumriese mittendrin. Reich blüht es an den Ufern eines schmalen Baches. Hinter der Barockkapelle der Grafen Carvalhal duftet im *Lady's Garden* der Jasmin und Gärtner schneiden aus Buchsbäumen kunstvolle Pfauenfiguren. Ganz unten, an der Grenze zum Golfplatz, können Sie sich in einem Teehaus wie in *Merry Old England* fühlen. Oder noch einen Blick auf die ehemalige gräfliche Jagdlodge werfen, die jetzt ein piekfeines Hotel (€€€) für Golfer ist.

Quinta do Palheiro Ferreiro, nahe R 205 Funchal–Camacha (ausgeschildert), www.palheirogardens.com, tgl. 9–17 Uhr (außer 1.1., 25.12.), 11 €, Stadtbus 36, 37, 47

Monte 🕮 G 6

Funchals hoch am Berg gelegenen Villenvorort erreichen Sie am schönsten per Seilbahn. Die Gondeln des Teleférico do Funchal schweben von der Zona Velha in 15 Min. hinauf. Unterwegs überblicken Sie die ganze Bucht. Alternativ gondelt der Teleférico do Jardim Botânico in 10 Min. über die schroffe Schlucht der Ribeira de João Gomes. Oben beim Aussteigen überrascht die kühle Luft. Im Sommer ist das erfrischend, in den übrigen Jahreszeiten tut eine Jacke gute Dienste.

Schlittenfahrt ohne Schnee

Von einem englischsprachigen Fernsehsender wurde sie zu einer der »zehn coolsten Fahrten der Welt« gekürt. Es wäre also schade, die Korbschlittenfahrt zu verpassen. Heute eine Touristengaudi, im 19. Jh. ein ganz

Die **Korbschlittenlenker** sind raue Gesellen – oder pflegen zumindest dieses Image. Wie es heißt, wird der Beruf vererbt. Nur wer nachweisen kann, dass schon Großvater und Vater oder zumindest ein Onkel ihn erfolgreich ausgeübt haben, wird in die verschworene Gemeinschaft aufgenommen. Wer die Rasanz einer Achterbahnfahrt erwartet, wird vielleicht enttäuscht sein. Bevor Sie sich in einen Schlitten setzen, empfiehlt sich je nach Strapazierfähigkeit Ihrer Bandscheiben dennoch eine Gesichtskontrolle. Mit jüngeren Fahrern geht der Rutsch oft recht schwungvoll vonstatten, wobei es zwischendurch zu kurzen, aber heftigen Bremsmanövern kommen kann. Ältere Lenker agieren meist ruhiger, aber für manchen Geschmack auch zu bedächtig. In einem sind sich alle einig: Von den Fahrgästen wird am Ende der Tour ein ordentliches Trinkgeld erwartet und oft mit Nachdruck eingefordert.

Skurrile Gartenkunst – **Monte Palace Madeira**

Kunstmäzen Joe Berardo machte aus einen alten Hotelgarten ein schrilles Paradies. Entspannt schlendern Sie an Buddhafiguren und Wasserfällen vorbei, schauen in Fischteiche und Orchideenhäuser, bewundern extravagante Skulpturen aus allen Epochen.

Ein knorriger alter **Ölbaum** 1 empfängt die Besucher neben dem Bistro am Eingang bei der **Seilbahn** 2. In einer Hauruckaktion ließ Berardo etliche dieser Methusaleme aus der Römerzeit vor der Überflutung durch einen Stausee im Alentejo retten. Jetzt steht einer davon auf dem Dach seines **Museu Monte Palace** 3, wo er Steinskulpturen aus Simbabwe, Ergebnisse seines Mäzenatentums, ebenso zeigt wie seine gewaltige Mineraliensammlung. Der Natur nachempfunden sind die Riesenmineralien aus Brasilien, Portugal und Südafrika in Höhlen eingebettet, eine gedämpfte Beleuchtung trägt dazu bei die Besucher ins Reich der Unterwelt zu versetzen.

Die chinesische Terrakotta-Armee stand Pate für die bunten Tonfiguren im tropischen Garten.

Der Mann war ein ganz reicher Knopf bis zur Finanzkrise 2007, die ihn eine Milliarde Euro gekostet haben soll. In jungen Jahren nach Südafrika ausgewandert, erwarb er dort als Goldschürfer ein immenses Vermögen, obwohl er ganz klein und bescheiden als Gemüsehändler angefangen hatte. Zurück in Portugal, zog er in ein Schloss bei Lissabon und begann sich bald um das ehemalige Hotel Monte Palace auf seiner Heimatinsel Madeira zu kümmern. Dessen Park war mit der Zeit verwildert, die romantische Anlage in Vergessenheit geraten. Berardo bewahrte den alten Baumbestand und stellte allerlei Kuriositäten dazu, die er von seinen vielen Reisen mitgebracht oder im Antiquitätenhandel erworben hatte.

Vom Orient inspiriert

In einer langen Kurve schreiten Sie großformatige Fliesenbilder ab, die wichtige Ereignisse aus der portugiesischen Geschichte zeigen – ideales Anschauungsmaterial für einheimische Schulklassen.

Hohe Luftfeuchtigkeit empfängt Sie unten im Tal, im **Jardim Oriental** 4, für den Vorbilder aus Asien Pate standen. Der Eingang ist dem Portal eines fernöstlichen Tempelbezirks nachempfunden. Eine Fliesenwand thematisiert detailreich die Geschichte, die Portugal mit Japan verbindet. Obendrüber stehen bunt bemalte Tonsoldaten – Kopien der berühmten Vorbilder aus China. Ein Bach plätschert zwischen Marmordrachen, Minipagoden und japanischen Steinlampen daher.

Dann betreten Sie den als Amphitheater angelegten Bereich der **Azulejos** 5. Die ältesten Fliesenbilder reichen hier bis ins 16. Jh. zurück, viele schmückten früher Adelspaläste und Kirchen. Immerhin besitzt Berardo die zweitgrößte Sammlung in Portugal, nach dem Fliesenmuseum in Lissabon. Besonders sehenswert die barocken Azulejos am kleinen Schwanenteich.

Passend zum Asien-Thema blühen am Westrand des Parks im Frühjahr die Azaleen, daneben ziehen **Koikarpfen** 6 in einem Teich ihre Kreise. Deren Vorfahren schwammen schon vor 2000 Jahren in den Gräben der chinesischen Reisfelder als Speisefische herum, damals noch unscheinbar grau. Heute gilt als wertvollster der weiße Koi mit orangefarbenem Punkt auf dem Rücken, den japanischen Landesfarben entsprechend.

Skulpturen von Löwenhunden hocken im orientalischen Gartenteil.

Wie eine Gartenlaube bietet der asiatische Tempel Schutz vor Sonne und Regen.

Quasi als Samenbank für Palmfarne dient der **Jardim Tropical Monte Palace** 9. Über 70 Arten der urzeitlichen Blütenpflanzen mit dunklen, sparrigen Wedeln leben hier. In ihrer tropischen Heimat sind diese Zeitgenossen der Dinosaurier vom Aussterben bedroht.

Palast und See

Ganz unten im Park steht das einstige Hotel **Monte Palace** 7, jetzt Sitz der Umwelt- und Sozialstiftung Berardo. Von der Außenterrasse blicken Sie in einen weiteren orientalischen Gartenteil mit Tempelbauten und Orchideenzucht.

Am **Lago Central** 8, einem See, über den sich früher die Hotelgäste in kleinen Booten rudern ließen, steht das Cleopatra-Gefäß. Mit 5,34 m Höhe ist es die größte auf einer Töpferscheibe gedrehte Vase der Welt. Sie können das in der Cafeteria im dort ausliegenden Guinnessbuch der Rekorde nachlesen, bei einem Glas Madeirawein, das im Eintrittpreis enthalten ist. Den kräftezehrenden Rückweg erleichtert ein Shuttle, der vom Lago Central hinauf zum Eingang an der Seilbahn fährt.

INFOS/ÖFFNUNGSZEITEN

Monte Palace Madeira 9: Caminho das Babosas 4, https://montepalace.com, tgl. 9.30–18, Museum 10–16.30 Uhr, 25. Dez. geschl., 15 €; Shuttle Abfahrt nach Bedarf (Gebühr)

KULINARISCHES FÜR ZWISCHENDURCH

Ein schickes Bistro, exklusiv für Besucher des Monte Palace Madeira. Im **Greenhouse Coffee Roaster** 1 sitzt man im Glashaus mit Terrasse davor und genießt gesunde Snacks oder Kuchen (€€).

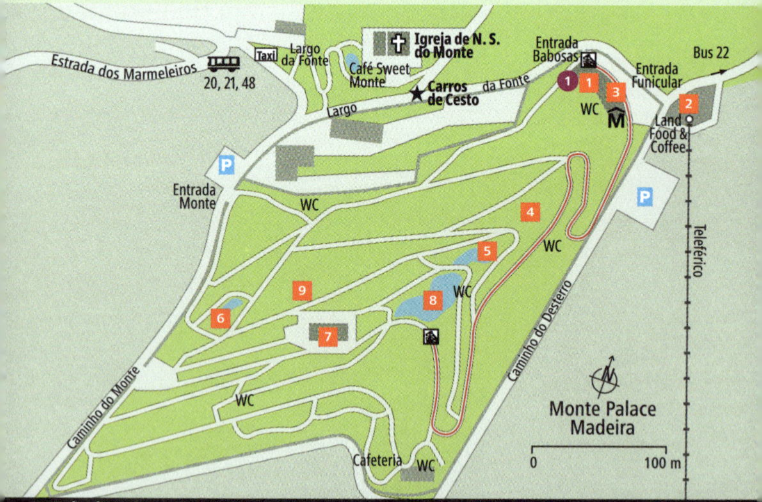

Faltplan: Karte 3, E/F 1

normales Verkehrsmittel. Englische Weinhändler rutschten von ihren Sommervillen in Monte die steilen Straßen nach Funchal hinunter. Das 10-minütige Vergnügen beginnt zu Füßen der Wallfahrtskirche von Monte und endet in Livramento (Stadtbusanschluss). Je zwei Männer in weißer Tracht lenken die Gefährte. Als Kopfbedeckung tragen sie einen Strohhut, auch ›Kreissäge‹ genannt, die Form der Krempe spricht für sich. Tipp: Wenn ein Kreuzfahrtschiff im Hafen liegt, kann es schon einmal zu längeren Wartezeiten an der Korbschlittenstation kommen.
Caminho das Babosas, Mo–Sa 9–18 Uhr, nicht am 1.1., Karfreitag, 14./15.8. und 25.12., www.carreirosdomonte.com, 17,50 € p. P. im Zweier- oder Dreierschlitten, wer allein rutscht, zahlt 27,50 €.

Auf den Spuren der Habsburger

Im Exil in Monte verstarb Karl I., der letzte Kaiser der Donau-Monarchie. Lange, steile 72 steile Stufen müssen Sie sich zur **Igreja de Nossa Senhora do Monte** (https://pnsmonte.pt, Mo–Sa 9–19, So 7.30–18 Uhr, Eintritt frei) hinaufquälen, um seine Grabstätte zu besuchen. Unterwegs auf einem Treppenabsatz können Sie bei dem Denkmal verschnaufen, das nach seiner Seligsprechung durch Papst Johannes Paul II. 2004 aufgestellt wurde. In der Kirche finden Sie links in einer Seitenkapelle die letzte Ruhestätte des glücklosen Monarchen, stets geschmückt mit Kränzen und Bändern in den österreichischen und ungarischen Landesfarben. Nach dem Ersten Weltkrieg setzten ihn die Siegermächte ab und verbannten ihn mit seiner Gemahlin Zita nach Madeira. Am 1. April 1922, noch keine 35 Jahre alt, erlag er einer Lungenentzündung.
Madeirensische Gläubige verehren in der Kirche ihre Schutzpatronin. Die kleine Statue hockt in einem Silberschrein auf dem Altar. Anlässlich einer Marienerscheinung soll sie ein Schäfer im 16. Jh. oberhalb des Ortes aufgefunden haben. Die Madonna gilt als wundertätig. 1803 regnete es stundenlang sehr heftig, die überquellenden Flüsse richteten in Funchal üble Schäden an. Als die Menschen zur Senhora do Monte um Hilfe flehten, hörte der Regen auf. Um dem anschwellenden Pilgerstrom Platz zu bieten, entstand der heutige, große Kirchenbau. Manchmal ist der Aufstieg von der Vorhalle zur Dachterrasse mit großartigem Ausblick erlaubt. Neben der Kirche zieht den Hang hinunter ein romantischer Stadtgarten aus dem 19. Jh. Über eine mittlerweile von Farnen und Moos überwucherte Brücke ratterte eine Zahnradbahn von Funchal herauf. Der verwitterte Bahnhof steht noch am stillen **Largo da Fonte**. Dort wird in einem Marmorpavillon mit Quellbrunnen die heilige Jungfrau mit Blumengaben und brennenden Kerzen geehrt.

Satt & glücklich

Nostalgisches Ambiente

Sweet Monte: Von der kleinen Terrasse lässt sich der Start der Korbschlittenfahrer bestens verfolgen. Weitere Tische des Cafés verteilen sich unter Parkbäumen. Im Angebot sind Snacks und Kuchen.
Parque Municipal do Monte, T 291 75 21 72, tgl. 10-17 Uhr | €

Am Puls der Seilbahn

Land Food & Coffee: Das innovative Lokal in der Seilbahnstation lässt Gourmetherzen höher schlagen: Pulled Pork vom Josper-Grill, Sauerteigbrot, hausgebackene Kuchen und Öko-Weine – alles in einem zwanglosen Rahmen. Sie müssen hier nicht die lange Speisekarte hoch- und runteressen, auf der Aussichtsterrasse wird Ihnen auch einfach ein Kaffee oder ein frisch gepresster Saft serviert.
Largo das Babosas, T 291 64 31 24, tgl. 10-17.30 Uhr | €€

Infos und Termine

Seilbahn: Teleférico do Funchal, www.madeiracablecar.com, tgl. 9–17.45 Uhr (außer 25.12.), einfach 12,50 €, hin/zurück 18 €
Romeria Nossa Senhora do Monte: um den 15. Aug. Große Wallfahrt mit Prozession. Musik, Tanz und Feuerwerk begleiten das gut besuchte Volksfest.

Inselosten

Voll dem Passatwind ausgesetzt ist dieser Teil Madeiras. Für die Küste bedeutet dies Sonne und Wolken im Wechsel und viel frische Luft. Caniço de Baixo bietet eine überschaubare Zahl von Hotels. In Santa Cruz und Machico ist das Kleinstadtleben noch intakt. Die wüstenhafte Ostspitze, wo ehemals Walfänger zu Hause waren, zieht heute vor allem Wanderer an. Ebenso wie die so grüne wie waldreiche Gegend rund um die Bergorte Santo da Serra und Camacha – und natürlich die bizarre Gipfelwelt des Pico do Arieiro.

Caniço de Baixo

J 7

Dieser Ferienort erinnert an Sylt, zumindest was den häufigen Wind betrifft. Manche der wohlhabenden Deutschen, die in den 1960er-Jahren ein Haus an der damals noch unwirtlichen Küste von Caniço errichteten, sollen tatsächlich den Sommer auf der Nordseeinsel und den Winter auf Madeira verbracht haben. Caniço de Baixo ist ein reines Hotel- und Villenviertel und bis heute relativ fest in deutscher Hand. Alles in allem geht es ruhig zu, abends werden die Bürgersteige früh hochgeklappt. Sportorientierte Urlauber, darunter viele Taucher, quartieren sich hier gerne ein.

Die Badeplätze

Frei zugänglich sind der **›Wilde Strand‹** (links neben dem Hotel Galomar eine steile Treppe hinunter) sowie im Osten der Siedlung die kiesige **Praia dos Reis Magos** mit dem Flair der angrenzenden, winzigen Fischersiedlung. Exklusiver die Felsbadeanlagen **Lido Galomar** und **Complexo Balnear Roca Mar** vor den gleichnamigen Hotels mit Betonliegeflächen, Pools und Treppen ins Meer (beide ganzjährig tgl. geöffnet; wer nicht dort wohnt, zahlt je nach Wochentag ca. 9 € Eintritt).

Oben im Ortszentrum

Der städtisch wirkende Mutterort **Caniço** (auch Caniço-Centro) thront 200 m über dem Meer. Ein ausgeschilderter Fußweg führt in der Diretissima in 20–30 Min. hinauf. Die Pfarrkirche am **Largo Padre Lomelino** versteckt sich hinter lauter neuen Wohnblöcken – die Gemeinde hat seit dem Jahr 2000 ihre Einwohnerzahl durch Zuzug aus Funchal verdreifacht. Es macht Laune, am Hauptplatz zu verweilen und Leute zu gucken. Ringsum harren einige kleine alte Häuser und ein paar urige Lokale aus. Rechts an der Kirche vorbei ist in wenigen Minuten ein parkartiger Platz mit Taxistand und Café erreicht, dahinter liegt ein modernes Einkaufszentrum mit großem Supermarkt.

SCHLEMMEN, WANDERN, SCHLAFEN

In fremden Betten

Sehr persönlich geführt

Villa Opuntia: Im ruhigsten Teil des Villenviertels, in einem subtropischen Garten mit solarbeheiztem Pool. Elf bequeme Ferienwohnungen im mediterranen Stil, jede mit offenem Kamin und Privatterrasse. Im Prinzip eine Unterkunft für Selbstversorger, aber erweitertes kontinentales Frühstück oder ein täglich wechselndes Gourmetfrühstück werden gegen Aufpreis angeboten. Unter österreichischer Leitung, *Adults only*.

Rua Miradouro da Falésia, T 291 93 47 33, www.villaopuntia.com | €€

Unabhängig und doch familiär

Vila Ventura: Das kleine Aparthotel mit 21 Studios steht unter deutschsprachiger Leitung. Hier quartieren sich Wanderer, Taucher und Motorradfans ein, die entweder selber kochen oder im hauseigenen Gartenrestaurant, das wegen der lauschigen Atmosphäre auch bei Gästen von außerhalb beliebt ist, einheimische Spezialitäten verspeisen. Frühstücksbuffet kann günstig hinzugebucht werden.

Rua D. Francisco Santana, T 291 93 46 11, www.villa-ventura.com | €

Satt & glücklich

Am Fischerstrand und sehr beliebt

Reis Magos: Auch viele einheimische Gäste schätzen dieses einfache Lokal. Im Sommer sitzt es sich wunderbar auf der Terrasse mit Blick aufs Meer. Der Fisch kommt fangfrisch auf den Grill, an die Gambas kommt reichlich Knoblauch.

Praia dos Reis Magos, T 291 93 43 45, tgl. 9.30–22 Uhr | €€

Gute Kondition ist Voraussetzung! Geführte Mountainbiketouren in die Berge Madeiras starten in Caniço de Baixo.

Der rustikale Tipp

Klenk's Café: Im Sommer lockt der Biergarten, sonst der gemütliche Speiseraum. Fischangebot nach Saison, auch frische, hausgemachte Pasta und ein Tagesgericht. Zu den großen Portionen mundet das eigene Hausbräu. Am Wochenende abends oft Livemusik.

Estrada Ponta da Oliveira 57, T 291 93 43 16, Mi–Mo 11–24 Uhr | €€

Wenn die Nacht beginnt

Nightlife ganz individuell

Peter's Wine & Beer: Weinfässer hat der einheimische Wirt der kleinen Kneipe, Pedro Andrade (›Peter‹), kurzerhand zu Möbeln umfunktioniert. Sein Angebot an Wein, Bier und Poncha, letzterer aus regionalen Zutaten frisch gemixt, ist riesig.

Rua D. Francisco Santana, Edifício Ventura, Di–So 9–2 Uhr

Sport & Aktivitäten

Tauchen ▸ S. 110

Exklusive Wandertouren

Madeira Wandern: Christa Dornfeld und ihre Familie organisieren Wanderungen in Gruppen von max. 16 Pers., aktuelles Programm auf Anfrage. Zusteigemöglichkeit in Caniço, Santa Cruz und Funchal.

T 915 69 32 05, www.madeirawandern.com

Mit dem Mountainbike unterwegs

Albano Aktiv: In Caniço de Baixo bleibt das Fahrrad wegen der Steigungen und kurzen Entfernungen eher stehen und startet von hier aus zu Touren in andere Inselteile. Die örtliche Bikestation veranstaltet geführte Touren und vermietet auch Mountainbikes sowie E-Mountainbikes. Tageswanderungen in die unterschiedlichsten Ecken Madeiras stehen ebenfalls auf dem Programm.

Rua Bartolomeu Perestrelo 23, T 291 09 94 60, www.bikestation-madeira.com

Der neueste Trend

LokoLoko Madeira: Organisation von Canyoning, Mountainbiking und Seekajak-Touren. Außerdem wird so ziemlich alles vermittelt, was an außergewöhnlichen Aktivitäten auf Madeira möglich ist: Klettern, Coasteering, Stand-up-Paddling, Wind- und Bodysurfen, privater Bootscharter.

Rua d. Francisco Santana, T 969 57 07 80, www.lokolokomadeira.com

Erinnerungen an Rio de Janeiro werden hier wach. Nur Fliegen ist schöner.

Infos und Termine

Busse: Linie 155 der EACL (www.eacl.pt) verbindet ca. stündlich Caniço de Baixo mit Funchal. Expressbusse (Mo–Fr 6 x tgl.) nehmen die Schnellstraße, alle anderen Busse fahren über Caniço-Centro. Fahrpreis bis Caniço-Centro 1,30 €, bis Funchal 2,20 €.
Sightseeingbusse: Die blauen Busse von Madeira Sightseeing (www.madeirasightseeing.com) starten 3 x pro Woche zu Halbtagstouren in den Inselosten (20 €) und nach Funchal/Câmara de Lobos/Cabo Girão (15 €), außerdem am So zum Walmuseum in Caniçal (22,50 €).
Festa da Cebola: Ein Wochenende im April/Mai. Zur Erntezeit feiert Caniço als traditionelles Anbaugebiet das Zwiebelfest mit einem karnevalesken Umzug im alten Ortskern, Auftritten von Blasmusikorchestern und Folkloreensembles.

In der Umgebung

Eine riesige Christusfigur

Der **Cristo Rei** thront auf Madeiras Südspitze. 120 m senkrecht über dem Meer ragt die **Ponta do Garajau** auf. Rundum stehen Bänke, die Aussicht ist grandios. Ein kurzer Treppenweg führt – vorbei an einer Vigia, dem ehemaligen Ausguck von Walfängern – zum äußersten Vorsprung der Landspitze, wo ein Panoramablick für den steilen Abstieg entschädigt. Dramatisch unter der Felswand duckt sich die **Praia do Garajau,** ein steiniger Strand mit Liegeflächen, Duschen und Fischrestaurant. Eine kurze Seilbahn erleichtert den Zugang (tgl. 10–18, Sommer bis 20 Uhr, hin und zurück 4 €), ansonsten geht es zu Fuß auf einem für Privatverkehr gesperrten Serpentinenweg in 20 Min. hinab. Neben der Bergstation der Seilbahn bietet ein Terrassencafé die beste Strandsicht.

Camacha H 6

Häufig senkt sich Nebel auf das Dorf. Hier in 700 m Höhe ist es frischer als an der Küste. Ringsum verfallene Sommervillen aus der Ära der britischen Weinhändler in zugewucherten Gärten. Auf dem parkartigen Largo da Achada im Zentrum erinnert eine Gedenktafel an das erste Fußballspiel auf portugiesischem Boden, das hier 1875 stattfand. Die Korbflechterei, einst wichtigstes wirtschaftliches Standbein im Ort, ist fast eingeschlafen. In der kleinen Markthalle am Largo kann man Körbe finden.

Satt & glücklich

Typische Dorfkneipe

O Boleo: Gegenüber der alten Kirche stehen die Tische des Lokals auf einer schmalen Terrasse. Oft brutzelt neben dem Haus das Hähnchen auf dem Grill, in der Küche brodelt mittags ein deftiger Eintopf. Abends aber wird es szenig.
Rua Maria Ascenção 106, T 291 92 21 28, tgl. 8–1 Uhr | €

Termine

Festas do Divino Espírito Santo: Pfingsten. Seit Jahrhunderten begeht Camacha das Heilig-Geist-Fest. Sonntagabend Speisung der Bedürftigen beim *cortejo do pão* (Brot-Umzug). Am

Pfingstmontag zieht gegen Mittag ein farbenprächtiger Umzug mit dem *imperador* (Kaiser), der jeweils für ein Jahr gewählt wird, durch die Straßen.

Santa Cruz K 6

Die Kleinstadt kommt sehr authentisch daher. Trotz eines Großhotels am Ortsrand bleiben die Einheimischen weitgehend unter sich. Gepflegte Gassen und Plätze mit Kramläden und Straßencafés prägen das historische Zentrum. An Sommerwochenenden vergnügen sich Familien von der ganzen Insel auf der Uferpromenade, im angrenzenden Palmenpark Alameda und im Meeresschwimmbad Praia das Palmeiras. Vom Sportboothafen schippern die Männer zum Freizeitfischen hinaus.

In der Altstadt

Das milde Klima von Santa Cruz nutzten schon die ersten Siedler zum Zuckerrohranbau. Schnell kam der Ort zu Wohlstand, was sich Anfang des 16. Jh. im Bau der wehrhaften **Igreja São Salvador** (Praça Dr. João Abel de Freitas), der größten Kirche außerhalb von Funchal, niederschlug. Die verschnörkelte Grabstätte eines italienischen Zuckerhändlers im linken Seitenschiff von 1516 ist im manuelinischen Stil gestaltet. Auch die **Câmara Municipal** (Rathaus) nebenan stammt aus dieser Epoche, mit manuelinischem Portal und Zwillingsfenstern. Es ist angenehm, in dem kleinen Park vor der Kirche unter Baumriesen zu relaxen. Auf dem Platz zwischen Kirche und Rathaus steht das Wahrzeichen von Santa Cruz, ein Kreuz auf einer Marmorsäule. Diagonal durch die Altstadt führt die Fußgängerzone **Rua Cónego Alfredo Oliveira** zur lauschigen, dreieckigen **Praçeta Padre Gabriel Olavo Garcês,** dem kommunikativen Mittelpunkt von Santa Cruz. Am Ostrand der Stadt fungiert das alte Herrenhaus **Quinta do Revoredo** in der Rua Bela de São José heute als Kulturzentrum. Im dramatisch über der Steilküste schwebenden Garten (Mo–Fr 9–17, Sa 14–17 Uhr) stehen betagte Drachenbäume.

In fremden Betten

Ein Künstlerprojekt

Quinta dos Artistas: Die schnuckelige Unterkunft hoch über dem Ort schuf eine österreichische Familie, die hier Wanderwochen, Yoga, Fotowochen und Kunstkurse anbietet. Außerhalb dieser Programme (meist Dez.–Febr.) werden die elf Ferienwohnungen frei vermietet.
Rua Nossa Senhora dos Remédios, T 915 69 32 06, www.quintadosartistas.com | €€

Die ganz feine Option

Albatroz: Nicht von der Nähe zum Flughafen abschrecken lassen! Die 20 gediegenen Zimmer liegen zur anderen Seite und haben alle geräumige Balkons mit Meerblick. Gebadet wird im Süßwasserpool über der Steilküste oder im Meerwasserbecken in den Klippen.
Sítio da Terça, T 291 52 02 90, www.albatroz hotel.com | €€€

Satt & glücklich

Hinter der Kirche

Bilheteira: In dem winzigen Lokal mit Tischen auf dem Platz genießen Individualreisende einfache regionale Speisen.
Praça Dr. João Abel de Freitas 11, T 291 52 21 24, tgl. 6–24 Uhr | €

Am dreieckigen Platz

O Professor: Vor allem die Außenterrasse findet großen Anklang. Die inseltypische Küche bietet auch Ausgefallenes wie *porco preto* (schwarzes Schwein).
Rua da Ponte Nova 2, T 291 62 61 86, tgl. 7–24 | €

Stöbern & entdecken

Obst, Gemüse & Fisch

Mercado Municipal: Kleine Markthalle, aber gut bestückt, was die Auswahl an

Kolumbus auf der Spur – **Bootsausflug auf der Santa Maria**

Keineswegs kitschig kommt dieses Ausflugsboot der besonderen Art daher. Fast lautlos gleitet der Nachbau des Entdecker-Flaggschiffs unter Segeln über das vor Funchal zum Glück meist glatte Meer dahin. Steht der Wind nicht passend, tuckert die Santa Maria mit Motorkraft behäbig vor sich hin.

Von der Santa Maria des Christoph Kolumbus existieren keine zeitgenössischen Abbildungen. Dennoch dürfte der Nachbau, den der Niederländer Robert Wijntje 1997/98 in Câmara de Lobos fertigen ließ, dem Original recht nahe kommen. Der Einbau des Motors war ein Zugeständnis an die moderne Zeit. Sein Gewicht wird dadurch kompensiert, dass kein Proviant mehr an Bord genommen werden muss. So nimmt die Santa Maria unter Segeln durchaus flotte Fahrt auf.

Bei Ostwind wird Richtung Cabo Girão gefahren. Weht jedoch eine Brise aus Südwest, führt die Tour an der Südostküste entlang. Zur Abfahrt bimmelt die Schiffsglocke, in zerschlissener Seemannstracht turnt ein Besatzungsmitglied halsbrecherisch zum Mastkorb hinauf. Der Rudergänger steuert geradewegs auf den Atlantik hinaus. Eifrig halten alle Ausschau nach Walen und Delfinen. Schon tänzeln die ersten Delfine um den Bootsrumpf: Große Tümmler, wie ein Bootsmann verrät. Weiter draußen dümpeln Pilotwale. Deutlich größer als die Delfine, halten diese pechschwarzen Meeressäuger mit den kugelförmigen Köpfen respektvollem Abstand zum Boot. Wer jetzt auf den höheren Decks vorne oder am Heck sitzt, hat den Vorteil der besten Sicht.

Genügend Meeressäuger gesehen

Nun aber richtet die Besatzung den Bug der Santa Maria Richtung Nordosten und setzt Segel. Weitab der Küste zieht das Kolumbusschiff seine Bahn, angeschoben durch die von hinten anrollenden Wellen. Das Panorama der Inselberge ziehen an uns vorüber. An ihren Hängen staffeln sich Terrassenfelder, dazwischen leuchten weiße Bauernhäuser mit ihren roten Ziegeldächern. Der Ferienort **Caniço** wird passiert, dann dreht das Boot vor dem Kai des **Porto Novo** bei. Es ist Zeit für einen Madeirawein, begleitet von einem Stück Honigkuchen, dem zuckersüßen bolo de mel.

Nah am Ufer zurück

Die Rückfahrt ist Sightseeing pur. In gewagter Nähe zur Küste stemmt sich die Santa Maria, nun per Motor angetrieben, gegen den Wind. Die schilfumrahmte **Praia da Atalaia** und der Surferstrand von **Reis Magos** ziehen vorbei, dann die Hotels und Ferienhäuser von **Caniço de Baixo** mit Brandungspools an der Klippenküste. Von der Landspitze **Ponta do Garajau** grüßt eine riesige Christusfigur herüber, zu ihren Füßen ein schmaler Strand. Es folgt ein steiles, von Höhlen durchsiebtes Kliff, über dem schwindelerregend Häuser schweben. Ein malerisches Bild gibt die Altstadt von **Funchal** mit der Festung São Tiago und ihrer bunten Häuserfront ab. Geschmeidig wird am Ausflugskai angelegt, die Besatzung hilft über die Bordwand hinweg. »Adeus, auf Wiedersehen!«

INFOS

Santa Maria de Colombo: Funchal, Praça do Povo, T 291 22 56 95, www.santamariadecolombo.com, Abfahrten tgl. 10.30 und 15 Uhr, Dauer ca. 3 Std., Erw. 35 €, Kinder 17,50 €

HONIGKUCHEN SELBST BACKEN

In einer Pfanne 100 g Rohrzucker mit 100 g Butter bräunen, 100 g Semmelbrösel untermischen. Diese Masse in einer Schüssel mit 200 g Weizenmehl, je 50 g gehackten Mandeln und Rosinen, einem Päckchen Trockenhefe, etwas geriebener Orangenschale sowie je einem Viertel TL gemahlenem Muskat, Gewürznelkenpulver, Zimt und Anispulver verkneten. Zuletzt 150 g Zuckerhonig *(mel de cana,* von Madeira mitgebracht) und etwas Orangensaft hinzufügen. Abgedeckt über Nacht ruhen lassen, dann im vorgeheizten Backofen bei 170 Grad etwa 70 Minuten backen.

Faltplan: G–J 7/8

frischer, auf Madeira produzierter Ware betrifft. Der Besuch der Fischabteilung lohnt vor allem in den Morgenstunden.
Alameda, Mo 7–16, Di–Fr 7–19, Sa 7–16, So 7–13 Uhr

Wenn die Nacht beginnt

Kneipenrestaurant

Taberna do Petisco: Am Wochenende sitzen viele einheimische Gäste an den rustikalen Tischen auf der Außenterrasse beisammen. Zum Bier vom Fass oder zum Wein (große Auswahl!) Isst man sich hier *petiscos* (Appetithappen) schmecken.
Rua Cónego Alfredo Oliveira 23, tgl. 9–23 Uhr

Romantisch ist die **Legende vom Liebespaar** Ana d'Arfet und Robert Machim. Vor über 600 Jahren flohen die beiden aus England, da Anas Eltern – dem Hochadel angehörig – die unstandesgemäße Ehe mit dem Schotten Robert nicht erlaubten. Ruderlos trieb das Schiff in heftigem Sturm weit in den Atlantik hinaus bis nach Madeira. Auf der damals noch menschenleeren Insel soll Ana aus Verzweiflung gestorben sein, Robert folgte ihr einen Tag später in den Tod. Nicht lange danach landeten die ersten Portugiesen in der Bucht von Machico und fanden dort das Grab der Liebenden. Sie errichteten die Capela do Senhor dos Milagres an besagter Stelle. Zwar sind Details der Geschichte sicher hinzugedichtet, doch einen Robert Machim gab es wirklich, der als Handelskapitän in der englischen Hafenstadt Bristol registriert war. Und bei Ausgrabungen fand ein britischer Weinhändler 1814 ein kleines Holzkreuz unter der Kapelle, anscheinend das Grabkreuz des Liebespaares.

Machico K 5

Trotz seiner nur 12 000 Einwohner steht der Ort in gelebter Konkurrenz zu Funchal. Die Gründe dafür sind historischer Natur. Hier gingen die ersten Portugiesen 1419 an Land und machten Machico zur Hauptstadt der östlichen Inselhälfte. Diese Würde verlor der Ort zwar 1497 schon wieder und Funchal wurde alleinige Metropole, die Bewohner haben sich aber niemals damit abgefunden. Nach jahrhundertelangem Dornröschenschlaf punktet Machico heute mit einem künstlichen, goldgelben Sandstrand, Jachthafen und großzügiger Meerespromenade. Diese werden vorwiegend von Einheimischen genutzt, die Kleinstadt ist recht untouristisch.

Altstadtbummel

Ein wuchtiges Denkmal auf dem **Largo do Município** zeigt Tristão Vaz Teixeira, den ersten Herrscher von Machico. 1440 begann er mit dem Bau der **Igreja de Nossa Senhora da Conceição** 1 (tgl. ca. 9–19 Uhr). Ihr gedrungenes Zwillingsportal stammt aus dieser Zeit. Nur die Marmorsäulen, gestiftet von König Manuel I. und angeblich bei einem Kriegszug in Marokko erbeutet, kamen erst bei der Erweiterung der Kirche um 1500 hinzu. Innen verehren die Gläubigen die Schutzpatronin Portugals, die Empfängnismadonna, in einem vergoldeten Altar.
Jenseits eines kanalisierten Flussbetts liegt das jüngst herausgeputzte Fischerviertel **Banda d'Além** mit der **Capela do Senhor dos Milagres** 2 (tagsüber meist geöffnet). Die romantisch hinter Birkenfeigen *(ficus)* versteckte Kapelle geht auf das Jahr 1420 zurück. An dieser Stelle hielt ein Franziskanerpater die erste Messe auf madeirensischem Boden. Die hölzerne Christusfigur vom Altar, Madeiras wohl älteste Heiligenstatue, gilt als wundertätig. 1803 wurde sie nämlich durch Hochwasser ins Meer gerissen und von einem amerikani-

MACHICO

Sehenswert
1 Igreja de Nossa Senhora da Conceição
2 Capela do Senhor dos Milagres
3 Forte de Nossa Senhora do Amparo
4 Capela de São Roque
5 Solar do Ribeirinho

In fremden Betten
1 White Waters

Satt & glücklich
1 Mercado Velho

schen Matrosen wie durch ein Wunder geborgen.

In Strandnähe führt eine futuristische Brücke zurück ins Stadtzentrum mit dem **Forte de Nossa Senhora do Amparo** 3. Die kleine dreieckige Festung entstand 1706 zwecks Abwehr von Piraten. Noch immer stehen die Bronzekanonen an ihrem Platz, manchmal darf man eintreten und sie besichtigen. An der Meerespromenade können Sie noch weiter spazieren zur barocken **Capela de São Roque** 4 (zuletzt Mo und Mi 14–17 Uhr). Üppige Fliesenbilder überziehen ihre Innenwände und veranschaulichen Szenen aus dem Leben des Pestheiligen Rochus. Unterhalb des Gebäudes tropft Wasser aus einer Felswand, das von vielen Einheimischen als heilkräftig angesehen wird.

In die Stadthistorie eintauchen

Ein alter Adelssitz ist heute ein Museum. Im Erdgeschoss des **Solar do Ribeirinho** 5 (17. Jh.), wo früher Wein gekeltert und gelagert wurde, befasst sich der **Núcleo Museológico de Machico** mit der 600-jährigen Stadtgeschichte. Prunkstück der modern gestalteten Ausstellung mit Erläuterungstexten auf Englisch ist eine Replik des Grabkreuzes des unglücklichen Liebespaares Ana d'Arfet und Robert Machim (► S. 48). Außerdem werden alte Fliesen, Wappensteine und Keramik, etwa Tonformen für Zuckerhüte, gezeigt. Ein Film dokumentiert die traditionelle Zubereitung von *cuscuz*, einer von den Mauren übernommenen Speise.

Rua do Ribeirinho 15, Mo–Fr 9–17 Uhr, 1,50 €

In fremden Betten

Mitten im Geschehen

White Waters 1

Die nur 20 Zimmer des modernen Stadthotels sind hell, haben Balkon und Meerblick. Am ruhigsten sind diejenigen ganz oben. Als Etappenquartier auf Inselrundfahrt eine Option.

Praceta 25 Abril 34, T 291 96 93 80, www.hotelwhitewaters.com | €

Satt & glücklich

Auf dem alten Marktplatz

Mercado Velho 1

Rund um den alten Marktbrunnen stehen im Schatten von Jacarandabäumen die Tische des feinen Restaurants. Hier können Sie zum Mittag- oder Abendessen Platz nehmen und sich mit raffiniert zubereiteten Gerichten verwönen lassen.

Praça Mercado Velho, T 291 96 59 26, Mi–Mo 10–22 Uhr | €€

Infos und Termine

Posto Turismo Virtual: www.visitmachico.com. Infos zu Sehenswürdigkeiten usw. finden Sie auch unter www.cm-machico.pt.

Busse: Der Busbahnhof von Machico ist Drehkreuz für Fahrten in den Inselosten. Häufige Verbindungen mit Funchal, auch Express. Infos: www.sam.pt

Carnaval: Am Karnevalssonntag zieht ein Umzug à la Rio durch den Ort.

Festa do Santíssimo Sacramento e dos Fachos: Ende Aug. Zur Erinnerung an die Überfälle nordafrikanischer Piraten im 17. Jh. leuchten ab 21 Uhr rings um den Ort Schiffe, Kreuze und Figuren.

Semana Gastronómica: Ende Juli/Anfang Aug. Eine Woche lang bieten Straßenstände Spezialitäten der Region an, darunter Besonderheiten wie *atum escabeche* (Thunfisch in Essigmarinade).

Festa do Senhor dos Milagres: 8. Okt. Abends ab ca. 20 Uhr zieht eine Lichterprozession von der Capela do Senhor dos Milagres zur Hauptkirche. Anlass ist die Wiederauffindung der 1803 fortgeschwemmten Christusfigur.

In der Umgebung

Wachposten gegen Piraten

Am **Pico do Facho** (Fackelberg) war früher stets ein Ausguck postiert. Im Falle eines Falles warnte er vor Piratenschiffen durch ein großes Feuer. Von Machicos 322 m hohem Hausberg schweift der Blick weit über den Ort. Für ein Picknick stehen Tische und Bänke bereit.

Meist wird espetada in den Bergen gegrillt und Fisch an der Küste gegessen. Hier hat sich mal ein Spießbrater an den Strand von Machico verirrt.

Caniçal 🗺 K/L 5

Das Fischerdorf ist nur durch Tunnel an das Straßennetz angeschlossen. An der alten Hafenbucht finden sich ein paar Cafés und Restaurants. Freizeitfischer ziehen ihre bunten Boote an den Strand. Die größeren Fischtrawler tuckern nebenan vom neuen Hafen zum Thunfischfang hinaus. Containerschiffe löschen die für Madeira bestimmte Fracht. In der angrenzenden Zona Franca (Freihandelszone) schaffen ein paar kleine Fabriken Arbeitsplätze.

Die Zeit des Walfangs

Walfänger von den Azoren stationierten sich 1940 in Caniçal. 1981 stellten sie die Pottwaljagd auf Druck von Naturschützern, aber auch wegen zunehmender Unwirtschaftlichkeit ein. Meeresbiologen und ehemalige Waljäger widmen sich seither dem Schutz und der Forschung. Das **Museu da Baleia** (Walmuseum) zeigt Fotos, Dokumente, Schnitzereien aus Walknochen, Fangboote und originalgroße Modelle der Meeressäuger.

Rua Garcia Moniz 1 (westl. Ortsrand), T 291 96 18 58, www.museudabaleia.org, Di–So 10–18 Uhr, 24.–26.12., 1.1. und Ostersonntag geschl., 10 €

Satt & glücklich

Feines Seafood am Hafen

Amarelo: In dem modernen Restaurant sitzen am Wochenende einheimische Tagesausflügler und speisen Fisch und Meeresfrüchte.

Cais do Caniçal, T 291 96 17 98, Mi–Mo 9–24 Uhr | €€

Stöbern & entdecken

Walfang-Souvenirs

Loja Moby Dick/O Baleeiro: Zwei Kioske am alten Hafen verkaufen Muschelketten, handliche Wale aus Holz und glitzernde Steine. Für viele Männer im Ort bietet die Souvenirproduktion eine Alternative zum wenig lukrativen Fischfang. Vorsicht bei Schnitzereien aus Original-Walknochen! Zwar stammen diese von aus dem Meer geborgenen Skeletten aus der Zeit vor dem Fangverbot. Dennoch ist grundsätzlich die Einfuhr von Pottwalprodukten in europäische Länder verboten.

ℹ Infos & Termine

Busse: Linie 113 (www.sam.pt) von Funchal über Machico fährt etwa stündlich nach Caniçal, z.T. weiter zur Baía da Abra (▸ S. 52).

Festa Nossa Senhora da Piedade: Am Samstag des dritten Septemberwochenendes wird ein Bildnis der Muttergottes mit dem Leichnam Christi von der Kapelle an der Prainha (▸ S. 53) per Fischerboot feierlich nach Caniçal überführt und nach einer ausgiebigen nächtlichen Feier am Sonntag von einer bunten Bootsprozession nach Caniçal zurückgebracht.

Portela 🗺 J 5

Der 620 m hohe Pass ist Wetterscheide zwischen Nord- und Südseite Madeiras. An nebelfreien Tagen sind von der großen Aussichtsterrasse der Penha de Águia (Adlerfelsen) und die Orte Porto da Cruz und Faial zu sehen. Stände verkaufen Honig und Obst von der Nordküste, Blumen und Blumenzwiebeln. In einem urigen Rasthaus am Pass kommen eine schon legendäre Tomatensuppe und der mindestens ebenso berühmte Rindfleischspieß (espetada) auf den Tisch.

Satt & glücklich

Beliebtes Spießlokal am Pass

Portela à Vista: Rustikales Ambiente, bewährte Küche, T 291 96 31 89, Mo 12–15, Mi–So 12–22 Uhr | €€

Bizarre Vulkanfelsen – **Ponta de São Lourenço**

Wie eine andere Welt erscheint die Ostspitze. Trocken ist es und oft auch heiß. Die Halbinsel punktet mit eigenwilligen Lavafelsformationen und überrascht nach winterlichen Regenfällen mit einem bunten Blütenteppich.

Gnadenlos brennt die Sonne vom Himmel, versengt die spärliche Vegetation. Wolken ziehen über die flache Ponta de São Lourenço meist sang- und klanglos hinweg, ohne sich abzuregnen. An vielen Stellen liegt der ockerfarbene Boden offen zutage. So entzieht sich das Gestein nicht, wie sonst auf Madeira, durch die Pflanzendecke den Blicken. Und als i-Tüpfelchen gibt es auf der Halbinsel immer noch vulkanische Aktivität – zumindest theoretisch.

Die scheue Mönchsrobbe soll die **Ponta de São Lourenço** wieder besiedeln, hoffen die Naturparkranger. Taucher bekommen schon einmal eines dieser massigen Tiere vor der Küste zu Gesicht. Unter den Pflanzen der Ostspitze fällt die violett blühende Madeira-Levkoje auf. An seltenen Vogelarten hüpfen Kanarenpieper und Gebirgsstelze durch das steppenhafte Gelände. Die Halbinsel gehört zu Natura 2000, dem EU-Netz besonderer Schutzgebiete zur Erhaltung der Artenvielfalt.

Unterschiedliche Aussichten

Auf dem Gipfel eines der vermutlich jüngsten Vulkane Madeiras thront die **Capela da Senhora da Piedade** 1. Am nahe gelegenen Kreisverkehr beginnt der 10-minütige Aufstieg zu Fuß. Der Panoramablick von oben hält was er verspricht. Steil bricht der Hügel zum Meer ab, von der Brandung halb zerstört. Unten duckt sich ein Jachthafen mit Ferienresort in den Fels.

Das imposante Brandungskliff an der Nordseite der Halbinsel baut sich aus beständigeren Gesteinslagen auf. Die Abfolge dieser vielfarbig schimmernden Lavaströme können Sie an der **Ponta do Rosto** 2 beobachten (vom Kreisverkehr dem Schild »Miradouro« folgen). Picknicktische stehen in abenteuerlicher Nähe zur Steilkante, tief unten gurgelt der Atlantik.

Bis zur äußersten Spitze

Die Straße endet an der **Baía da Abra** 3. Hier beginnt der Wanderweg **PR 8** (hin/zurück 3–4 Std., mittelschwer, Maut 1 €, ab 2025 2 €/Pers. online über QR-Code vor Ort). Zunächst strebt er durch eine Mulde und über einen flachen Rücken einer Kreuzung zu, wo links der kurze Abstecher zu einem **Miradouro** mit Blick auf zwei schroff aus dem Meer ragenden Felsen – einer dunkel, einer rot gefärbt – lohnt. Dann führt der Hauptweg Treppenstufen hinauf und zu einem Sattel. Durch das Felstor des vorgelagerten Eilands spritzt die Gischt.

Nach etwa 1 Std. erreichen Sie eine exponierte Felskanzel und von dort über einen schmalen Grat hinweg bald eine Gabelung. Eine Runde schließt an, die links zu einer Hangkante mit Blick auf ›Orgelpfeifen‹ aus Basalt führt. In der Nähe hockt unter Palmen das alte Hirtenhaus **Casa do Sardinha** 4 mit einem Café. Die Tische in dieser kleinen, schattigen Oase verleiten zu einer ausgiebigen Rast. Oder möchten Sie noch einen 45-minütigen Abstecher auf den nächsten Gipfel, die **Ponta do Furado** 5, unternehmen?

Ein Pflasterweg verbindet die Casa mit dem **Cais do Sardinha** 6, einem Bootskai mit Picknicktischen und kiesigem Mini-Strand. Von dort können Sie direkt zur Gabelung aufsteigen und auf dem Hauptweg zum Ausgangspunkt zurückkehren oder je nach Verfügbarkeit per Bootstaxi zur **Marina Quinta do Lorde** 7 fahren (ca. 13 €/Pers.).

Steinig ist der Weg zur östlichen Landspitze Madeiras. An exponierten Stellen schützen Geländer.

BADEN UND KULINARISCHES

Der kleine dunkle Sandstrand **Prainha** 1 liegt kurz vor dem Kapellenhügel. Ein Strandlokal bietet frische Meeresfrüchte (T 919 94 58 35, nur im Sommer und nur bei gutem Wetter, €).

Faltplan: L/M 5 | Anfahrt: Buslinie 113 ► S. 51

Santo da Serra

J 5

Häufig hüllt Nebel das Hochplateau ein. Im Winter ist es recht kühl, in der wärmeren Jahreszeit dafür sehr angenehm. Daher avancierte das 600 m oberhalb der Küste gelegene Santo da Serra im 19. Jh. zur Sommerfrische für wohlhabende Familien, die vor der schwülen Luft in Funchal flohen. Einige ihrer in Pastellfarben gestrichenen Quintas sind jetzt Landhaushotels, deren Gäste wandern oder per Mietwagen die Insel erkunden. Außerdem gibt es einen Golfplatz und zwei Reitställe im Ort, dessen Zentrum trotzdem unverdorben geblieben ist.

Ein wildromantischer Park

Wenn im Frühling Azaleen und Kamelien ihre Blüten treiben, explodieren hier die Farben. Die englische Weinhändlerdynastie Blandy verbrachte im 19. Jh. die Sommer hier. Heute gehört die **Quinta do Santo da Serra** der Regionalregierung. Der Park mit Tiergehegen, Spiel- und Picknickplätzen lockt am Wochenende einheimische Familien an. Im hinteren Gartenteil schweift der Blick vom **Miradouro dos Ingleses** über Machico zur Ponta de São Lourenço und bei klarer Luft bis Porto Santo. In einem Nebengebäude des ehemaligen Herrenhauses zeigt das **Centro Florestal da Macaronésia** eine Ausstellung zur Geschichte des Waldes auf Madeira zwischen Naturschutz und Forstnutzung.

Zentrumsnah an der ER 235 (unbeschilderter Eingang neben Übersichtstafel, nicht mit privater Quinta Santo António da Serra gegenüber verwechseln), tgl. bis Sonnenuntergang, Eintritt frei

Ein unverzichtbares Accessoire für Viehhirten, Waldarbeiter und Levadawärter: die **Wollmütze.** Wer im Winter in den Bergen Madeiras unterwegs ist, den hält sie warm. Regen und Graupelschauer perlen einfach ab. Aber die Mütze soll, wie böse Zungen behaupten, noch einen anderen Nutzen haben: Die Ohrenschützer tragen die Männer tagsüber hochgestellt und klappen sie erst nach dem Kneipenbesuch am Feierabend herunter – um zu Hause die Vorwürfe ihrer Frau nicht zu hören, die fragt, wo das Geld geblieben ist.

SCHLEMMEN, SHOPPEN, SCHLAFEN

In fremden Betten

Wohnen in einem Park

Quinta do Santo António da Serra: Das Besondere der Location ist der tadellose Garten, in den drei kurze Reihenhauszeilen eingebettet sind. Gemütlich eingerichtet, mit Küche, Kamin und Zentralheizung.

Zentrumsnah an der ER 235, T 291 76 38 79 | €€

Auf einem Bauernhof

Quinta do Pântano: Ganz zentral und doch absolut ruhig. Auf dem riesigen Gelände des zertifizierten Bio-Gutshofs verteilen sich zwei Ferienhäuser und zwei Studios, inspirierend im madeirensischen Landhausstil eingerichtet.

Estrada da Fonte de Santo António 61, T 964 00 69 07, https://bioquintadopantano.com | €–€€

Satt & glücklich

Deftige Gebirgsküche

Cantinho da Aldeia: Hier brutzeln Fleischspieße in der Gaststube auf offenem Feuer. Die großen Portionen machen rundum satt.

Caminho de Arrebentão 56, T 291 55 21 42, Mo/Di und Fr/Sa 10–22, So 9–22 Uhr | €–€€

Einem Seiltänzer gleich turnt der Wanderer auf dem schmalen Grat des Gipfelwegs am Pico do Arieiro. Ähnlichkeiten mit der chinesischen Mauer sind rein zufällig.

Stöbern & entdecken

Trödelmarkt

Feira da Ladra: Nach dem berühmten Vorbild in Lissabon benannt, ist dieser Sonntagsmarkt ein Publikumsmagnet. Das preisgünstige Angebot an Kleidung, Hausrat und allerlei Krimskrams wissen einheimische Ausflügler zu schätzen. Angrenzend ein Bauernmarkt, auf dem sich Selbstversorger mit frischem Obst und Gemüse, Landeiern und hausgebackenem Brot und Kuchen eindecken können. Imbissstuben bieten *bolo de caco* (Fladenbrot) und *sopa de trigo* (Weizensuppe) an, dazu schenken sie *sidra* (Apfelwein) aus. Auch gibt oft ein Harmonikaspieler Folkloremusik zum besten. Richtig etwas los ist erst ab etwa 12 Uhr.

Parque das Feiras (zentrumsnah, So 9–18 Uhr

Termine

Mostra da Sidra: Mitte Sept. Apfelweinfest mit großem Umzug.

Pico do Arieiro

G 5

Die Straße endet zu Füßen der Gipfelsäule des dritthöchsten Inselbergs (1818 m). Wer länger als eine Stunde bleiben will, muss schon weiter unten parken und 20 Minuten hinauflaufen. Von der Aussichtsplattform (ab 2025 Eintritt 2 €) fällt der Blick über zerklüftete Felsformationen und schroffe, waldbedeckte Täler hinweg bis zum Meer. Kommen Sie an einem sonnigen Tag und möglichst früh, dann stehen die Chancen auf eine klare Sicht am besten.

Der Empfangskomplex

Im klotzigen Besucherzentrum unterhalb des Gipfels verkaufen die obligatorischen Souvenirläden – das Gebirgswetter! – Wollpullover und dicke Strickmützen. Neben dem Gipfel beginnt der Panoramaweg zum Pico Ruivo (▶ S. 96).

Idylle im Lorbeerwald – **Ribeiro Frio**

Forellen tummeln sich in frischem Gebirgswasser. Drumrum blühen Kamelien und Rhododendren. Vögel zwitschern. Romantik pur also. Im urigen Hüttenrestaurant wärmt der Kamin. Möchten Sie vor der Einkehr den Urwald nebenan erkunden?

Gepflegte Blumenbeete umgeben die **Forellenteiche** 1. Hier gedeihen Pflanzen des Lorbeerwaldes: löwenzahnähnliche, gigantische Gänsedisteln, buschige Kanarenmargariten und die duftende Honig-Wolfsmilch. In ovalen Steinbecken ziehen ausgewachsene Forellen ihre Kreise, zu groß für eine Tellerportion, aber gerade richtig für die Zucht. Jungfische bevölkern die Stufenbecken, durch die das Wasser des ›kalten Baches‹ plätschert.

Die Balkone

Für Spaziergänger geeignet und auch mit Turnschuhen machbar ist der Wanderweg **PR 11** zum Aussichtspunkt **Balcões** 2 (hin/zurück 1 Std., ab 2025 2 € Maut). Er zweigt unterhalb der beiden Lokale, die sich bei der Forellenzucht angesiedelt haben, links in den dichten Lorbeerwald

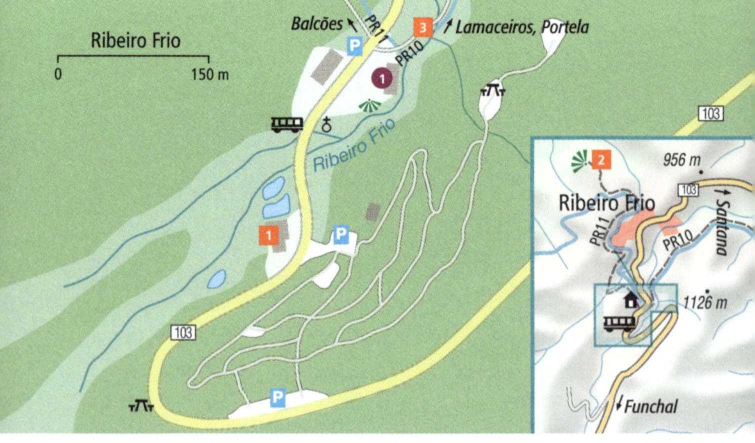

hinein ab. Eine stillgelegte Levada gibt die Richtung vor. Den geringfügige Anstieg werden Sie kaum bemerken, so geschickt wurde der schmale Wasserkanal einst angelegt. Eine bescheidene Bar am Wegrand verkauft Blumenzwiebeln, Honig und Hirtenwanderstöcke.

An einer Gabelung geht es links, durch eine enge Felsscharte. Bald darauf erreichen Sie die ›Balkone‹. Hoch schwebt die Aussichtskanzel über einem Tal, in dem sich der Wald wie ein dunkler Teppich ausbreitet. Muntere Buchfinken flattern herbei und hoffen auf Leckerbissen. Im Idealfall geben jetzt die Wolken den Blick zu der gezackten Bergkette im Inselzentrum frei. Unten am Meer ragt der klotzige Penha d'Águia (Adlerfelsen) auf.

Levada durch den Dschungel

Einer der spannendsten Wanderwege Madeiras beginnt in Gegenrichtung unterhalb des Restaurants Ribeiro Frio: der **PR 10** an der **Levada do Furado** 3 (4 Std., mittelschwer). Der Kanal wurde im 19. Jh. unter halsbrecherischen Umständen in den blanken Fels geschlagen. Schwindelerregende Stellen sind heute zum Glück mit Geländern gesichert. Rechts und links des Weges wuchert der Lorbeerwald noch so, wie er seit Urzeiten existiert. Nach 3 Std. kommen Sie an einem verwitterten Wasserhaus vorbei und verlassen gleich darauf an einer Wegkreuzung die Levada nach links. Beim Abstieg passieren Sie das **Forsthaus Lamaceiros** mit seinem blütenreichen Picknickplatz, wo eine Pause lohnt, und folgen dann der Beschilderung nach **Portela.**

Die nostalgische Forellenzucht, 1960 angelegt, hat sich seither kaum verändert. Pro Jahr wachsen rund 10 000 junge Forellen heran, die für Angler in Gebirgsbächen ausgesetzt werden. Hingegen stammen die Forellen in Restaurants und Fischhandel vorwiegend aus einer größeren Zucht im Tal von Chão da Ribeira bei Seixal. Um den Inselbedarf zu decken, würde die begrenzte Kapazität in Ribeiro Frio längst nicht ausreichen.

INFOS

Anfahrt: Ab Funchal einige (nicht alle!) Busse der Linien 56, 103 und 138 (www.horariosdofunchal.pt), 3–4 x tgl.; in Portela Taxistand (Rückfahrt nach Ribeiro Frio 25–30 €) bzw. Anschluss an Busse 20, 53 und 78 (www.sam.pt) nach Machico/Funchal.
Forellenzucht 1: tgl., Eintritt 1 €

KULINARISCHES FÜR ZWISCHENDRIN

Bei Sonnenschein kommt draußen an den rustikalen Tischen des **Restaurante Ribeiro Frio** 1 sogar Biergartenlaune auf. Spezialität des Hauses sind natürlich Forellen, die in den verschiedensten Zubereitungsformen genossen werden (T 291 57 58 98, tgl. 9–18 Uhr, €€).

Faltplan: H 5

Inselwesten

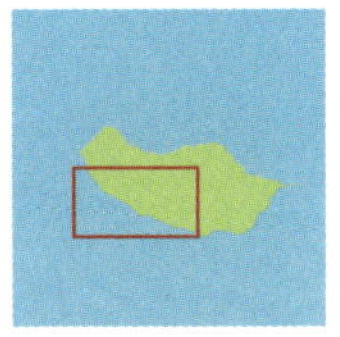

Zwei unterschiedliche Welten: der abgeschiedene Talkessel von Curral das Freiras und der bunte Fischerort Câmara de Lobos. Die ›Riviera Madeiras‹ zieht sich von Ribeira Brava über das mediterran anmutende Ponta do Sol bis zur Zuckermetropole Calheta. Ganz urig geht es im äußersten Westen zu: in den Küstendörfern, im bäuerlich geprägten Prazeres und an der windigen Ponta do Pargo. Wanderer tummeln sich auf der einsamen Hochebene Paúl da Serra, in Jardim do Mar und Paúl do Mar trifft sich die gut gelaunte Surferszene.

Curral das Freiras

F 5

Hohe Berge kesseln das abgelegene ›Nonnental‹ ein. Terrassenfelder mit Obst- und Gemüsekulturen stapeln sich zu Dutzenden an den steilen Hängen. Darüber liegt ein Gürtel von Kastanienbäumen. Aus den Maroni bereiten die Bewohner Suppen, Kuchen und Likör zu. Curral das Freiras gehörte früher den freiras (Nonnen) des Klosters Santa Clara, die in diesem natürlichen curral (Pferch, Stall) Vieh halten ließen. Als französische Piraten 1566 Funchal überfielen und brandschatzten, flüchteten die Schwestern vorübergehend hierher. Damals war das Tal nur mühsam über verschwiegene Bergpfade zu erreichen, heute führt ein überdimensionierter Tunnel hinein.

Satt & glücklich

Alles dreht sich um Kastanien

Sabores do Curral: Die zwei Terrassen mit Blick über das Tal sind sehr begehrt. Bei vielen Gerichten spielen Maroni eine Hauptrolle, etwa in Kombination mit Hähnchen.

Caminho da Igreja 1, T 291 71 22 57, Di–So 9.30–18 Uhr | €

Die Einführung des Eukalyptusbaums in den 1930er-Jahren war die Geburtsstunde der grünen Bonbons. Rote gab es schon vorher, aus wildem Fenchel gegen Husten, heute stattdessen meist mit Anis. Rot und Grün, die portugiesischen Landesfarben. Kleine Familienbetriebe fingen an, beiderlei Sorten auf handwerkliche Weise als touristisches Souvenir herzustellen. Inzwischen geht es bunter zu. Neue Farben kamen hinzu, etwa diejenigen der Madeira-Flagge: Gelb (Banane) und Blau (Waldbeeren).

Infos und Termine

Busse: Linie 81 ab Funchal 18 x tgl., Sa/So 6 x tgl. (www.horariosdofunchal.pt) Einige Busse fahren auf Wunsch über Eira do Serrado (dem Fahrer sagen bzw. Rückfahrt telefonisch anmelden, s. Website).

Festa da Castanha: 1. Nov. Kastanienfest mit viel Tanz und Gesang. An Ständen können Sie die örtlichen Spezialitäten probieren.

In der Umgebung

Wie ein Adlerhorst

Den frühen Reisenden des 19. Jh. galt Aussichtspunkt **Eira do Serrado** als Inbegriff der Romantik. Vom Parkplatz (mit Café und riesigem Souvenirladen) gehen Sie 10 Min. auf einem bequemen Weg zum Miradouro, oben blicken Sie in einen tiefen Abgrund. 800 m über dem Tal hängt die Plattform an der Kante einer Steilwand. Auch die Fernsicht auf die Bergwelt jenseits von Curral das Freiras ist beachtlich. Rechts im Hintergrund ragt der Pico Ruivo (1861 m) auf. Markanter aber der ›nur‹ 1654 m hohe Pico Grande mit seinem schroffen Felszipfel.

Für Wanderer ideal: Ein alter Pflasterweg schlängelt sich vom Parkplatz in steilen Serpentinen nach Curral das Freiras hinab. Unten an der Straße geht es rechts zum Ortszentrum (1 Std., mittelschwer, ca. 400 Höhenmeter im Abstieg).

Enge Bergstrecken

Ansichtskarten zeigen Busse, die in der Felswand hängen. Kaum zu glauben, dass sich der gesamte Verkehr nach Curral das Freiras bis 2004 über die abenteuerliche **Estrada Antiga** wälzte. Dann eröffnete der moderne Tunnel. Überflüssig geworden, wurde die alte Straße jenseits von Eira do Serrado gesperrt.

Hingegen befahrbar ist die schmale Straße, die zum Pico do Arieiro hinauf mäandert (nur tagsüber erlaubt, Sommer 9.30–19, Winter 9.30–17.30 Uhr). Sie hält jede Menge Nervenkitzel bereit. Unterwegs unbedingt an den **Miradouros do Paredão** halten! Aus 1400 m Höhe schauen Sie vom nördlichen der beiden Aussichtspunkte aus der Vogelperspektive ins Nonnental. Der südliche, auf einem Pfad in 5 Min. zu erreichen, ist Richtung Funchal orientiert.

Câmara de Lobos

🕮 F 7

In dem Fischerort eröffnet sich eine andere Welt. Tagsüber dümpeln zwergenhafte, bunte Boote im felsgerahmten Naturhafen. Nachts angeln die Männer damit den Degenfisch (espada). Über den Klippen hängt eingesalzener Katzenhai (gata), den die Hafenkneipen manchmal, in Streifen geschnitten, als Beigabe zum Bier oder Wein reichen.

Vom Hafen ins kleine Stadtzentrum

Am **Miradouro Winston Churchill** erinnert eine Gedenktafel an die Faszination, die der britische Premierminister für Câmara de Lobos empfand. Während einiger Urlaubstage 1950 im Reid's Hotel ließ er sich regelmäßig im Rolls Royce hierher kutschieren. Mit Panamahut und Zigarre bewaffnet saß der passionierte Hobbymaler dann über dem Hafen und hielt die Szenerie auf einem Ölgemälde fest. Auf Madeira werden Sie das Original vergeblich suchen (es gehört zum Bestand des Museums in seinem ehemaligen Landsitz in Kent).
Unten am Hafenstrand werkeln die Männer an ihren Booten, flicken Netze und Angeln oder vertreiben sich die Zeit beim Kartenspiel. Am Sonntagvormittag versammeln sie sich im schwarzen Anzug und mit Hut vor der **Capela Nossa Senhora da Conceição.** Die Fischerkapelle geht auf den Inselentdecker João Gonçalves Zarco zurück, der 1420 zunächst Câmara de Lobos

Pergamentpapier? Nein, hier trocknen platt gedrückte Katzenhaie im Wind.

gründete, bevor er schon drei Jahre später nach Funchal übersiedelte. Seit 1702 wird sie von der Fischerbruderschaft Corpo Santo unterhalten. Diese hilft den Familien im Krankheitsfall und unterstützt Witwen und Waisen. Die Fischer schmückten die Kapelle mit naiven Ölgemälden (18. Jh.), die das Leben ihres Schutzpatrons darstellen, des Benediktinermönchs Pedro Gonçalves Telmo. Er wird mit dem Phänomen des Elmsfeuers in Verbindung gebracht. Diese Lichterscheinung an den Masten von Segelschiffen konnte Blitzschlag bedeuten. Ganz in der Nähe ist in sanierte Hafenlagerhäuser das Hotel Pestana Churchill Bay eingezogen. Vor dem Eingang erlaubt ein ›Korbsessel‹, neben einem Churchill aus Bronze Platz zu nehmen und ihm beim Malen zuzuschauen.
Nett ist es, unterhalb des Ilhéu, eines von Treppengassen und Häusern überzogenen Felsens jenseits des Hafens, auf einer Promenade weiter am Meer entlang zu flanieren. Niedrige Fischerkaten mit Wäscheleinen vor der Tür ducken sich dort in die Steilwand. Schon nach wenigen Minuten erreichen Sie die **Praça da Autonomia**,

Schwindelerregender Tiefblick – **Cabo Girão**

Wagemutige schauen scheinbar unbeeindruckt durch den gläsernen Boden des Skywalks, drängen sich ans Geländer und machen Selfies über dem Abgrund. Zaghaftere Naturen lässt die Steilküste weniger kalt. Immerhin geht es 580 m ungebremst in die Tiefe.

Der Besucherparkplatz ist eigentlich immer gut gefüllt. Davon bitte nicht abschrecken lassen, das Cabo Girão ist ein Muss! Duftende Eukalyptusbäume weisen den Weg zur Aussichtsterrasse, auf der sich das sensationslustige Publikum gegenseitig schier auf den Füßen steht.

Auf dem ›Himmelsweg‹

Egal, beeindruckend ist der **Miradouro do Cabo Girão** 1 allemal. Der Skywalk hier mag zwar nicht ganz so ausladend sein wie derjenige im Grand Canyon, doch beim Blick zwischen den Füßen hindurch kann einem schon ganz schön schwummrig werden. Faszinierend die winzigen Terrassen *(poios)*, die sich in enge Kanten in der Klippe zwängen. Früher ließen sich die Bauern in Körben abseilen, um diese Felder zu bestellen. Jetzt lohnt das gefährliche Unterfangen nicht mehr. Sehr wohl beackern sie aber noch die fruchtbaren **Fajãs do Cabo Girão** 2 unmittelbar unter dem Kap, wo schon mancher Landwirt durch herabstürzende Steine erschlagen wurde. Bis vor wenigen Jahren war der schmale Küstensaum nur per Boot erreichbar, heute schwebt eine rasante Seilbahn hinunter.

Oft wird das Cabo Girão als höchste Steilküste Europas beworben. Aber halt! Beanspruchen nicht auch die Klippen von Slieve League (601 m) in Irland diesen Titel für sich? Alles Schnee von gestern. Wikipedia weiß, dass es auf Achill Island (ebenfalls Irland), auf den Färöern und in Skandinavien noch höhere Meeresklippen gibt.

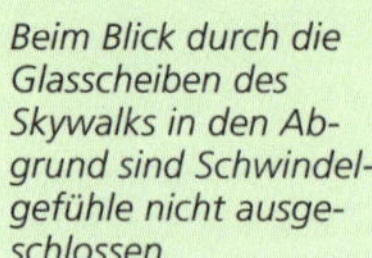

Beim Blick durch die Glasscheiben des Skywalks in den Abgrund sind Schwindelgefühle nicht ausgeschlossen.

Vielleicht klettern Sie noch von der Zufahrtsstraße die vielen steilen Stufen zur **Capela de Nossa Senhora de Fátima** 3 hinauf? Hoch über dem Kap thront sie auf einem Hügel. Für viele Madeirenser bleibt die Pilgerreise nach Portugal zum Jahrestag der Marienerscheinung von Fátima ein unerfüllbarer Traum. So ist diese Kapelle stattdessen am 13. Mai Ziel ihrer Wallfahrt. Nach der Messe kommen sie zu Tausenden zu einem gewaltigen Picknick zusammen.

Abseits vom Trubel

Abenteuer light verspricht eine weitere Seilbahn an der hier immerhin noch 300 m hohen Felswand hinab nach **Fajã dos Padres** 4. Die friedliche, biologisch bewirtschaftete Obstplantage liegt nicht weit vom Touristenmagneten Cabo Girão und dennoch Welten entfernt. Hier gedeihen dank des besonders milden Klimas die besten Mangos Madeiras. Einheimische verbringen gerne einen Sommertag in dieser abgeschiedenen Ecke. Sie baden am kiesigen Strand und verplaudern die Zeit im einzigen Restaurant. Angesichts der Kosten für die Kabinenbahn hält sich der Andrang aber in Grenzen. Anders als so oder per Boot ist nämlich auch dieser Küstenabschnitt nicht zu erreichen, jedenfalls nicht für Otto Normalverbraucher. Für Extremsportler eröffnete die Gruppe ›Fast Descent‹ eine halsbrecherische Canyoning-Route die Steilwand hinab.

INFOS/ÖFFNUNGSZEITEN

Miradouro do Cabo Girão 1: tgl. 9–20 Uhr, mit Café und Souvenirläden; Eintritt 2 €

Fajã dos Padres 4: Seilbahn Sommer tgl. 10–19, Winter tgl. 11–18 Uhr, Hin- und Rückfahrt 12 €

IN FREMDEN BETTEN

Fajã dos Padres: Mal so richtig abschalten können Sie in acht kleinen, ehemaligen Landarbeiterhäusern inmitten der Plantage, die als Unterkünfte hergerichtet sind (T 291 94 45 38, www.fajadospadres.com, €€, Mindestaufenthalt 2 Nächte). Für die Gäste ist die Seilbahn kostenlos und fährt nach einem erweiterten Fahrplan.

SCHELLENBAUM UND MEHR

Sie bringen gern originelle Musikinstrumente von Ihren Reisen mit? Dann schauen Sie doch einmal in einen der vielen Souvenirläden der Insel, etwa in Ribeira Brava oder Porto Moniz. Deren Mitarbeiter bemühen sich, die Touristen für Stickereiwaren, Körbe und dergleichen zu begeistern. Und sie verkaufen den *brinquinho*, den traditionellen Schellenbaum. Mit Trachtenpüppchen bestückt, gibt sein scheppernder Klang bei der madeirensischen Volksmusik den Takt vor. Ähnliches gibt es nur noch im portugiesischen Minho, vermutet wird aber ein Ursprung in Afrika.

einen Aussichtsplatz oberhalb des kiesigen Hauptstrandes vom Câmara de Lobos. Mit dem Rücken zum Platz steht die Hauptkirche, an ihr vorbei führt die Rua São João de Deus zurück zum Hafen.

Satt & glücklich

Fisch mit Blick aufs Meer

Coral Beach Club: Das Traditionsrestaurant wurde dem Zeitgeist entsprechend neu und cool gestylt. Nicht ganz billig, aber das ist in guten Fischlokalen eigentlich immer so. An den Tischen draußen unter Palmen können Sie auch einfach nur etwas zu trinken bestellen. Praça da Autonomia, T 291 09 82 84, www.grupocafedoteatro.com, tgl. 10–23 Uhr | €€

Stöbern & entdecken

Eine authentische Markthalle

Mercado Municipal de Câmara de Lobos: Hier shoppen noch vorwiegend die Einheimischen. Das Obst- und Gemüseangebot richtet sich nach den Jahreszeiten, fast alles stammt von der Insel. Ein richtiger Markt wird nur freitags und samstags (jeweils 7–21 Uhr) veranstaltet. In den Marktcafés drängen sich auch an anderen Tagen die Gäste. Hier können Sie Ihren Kaffee im Stehen am Tresen oder auf der Terrasse trinken. Rua da Carreira (in Hafennähe)

Wenn die Nacht beginnt

Stylische Fischerkneipe

No. 2 – É prá Poncha: Aus der ehemaligen Hafenspelunke wurde eine Lifestyle-Location, in die am Freitag- und Samstagabend die Szene aus Funchal einfällt. Dann geht es bis weit in den Morgen zur Sache. Die Spezialitäten von ehedem sind geblieben: *niquita* (Weißwein, Bier, Vanilleeis, Ananas), *pé de cabra* (Wein, dunkles Bier, Kakao) und *poncha*, der heute allerdings in den exotischsten Varianten daherkommt. Largo do Poço 2, So–Do 10–1, Fr/Sa 10–2 Uhr

Estreito de Câmara de Lobos 🕮 F 6

In dem Winzerort leben die Menschen noch von dem, was ihre Rebkulturen abwerfen. Wer im August oder September kommt, begegnet Transportern mit Trauben, die in die Kellereien von Funchal gefahren werden. An den steilen Hängen rund um den Ort findet dann die mühselige Weinlese statt. Ansonsten lohnt der Besuch vor allem am Sonntag, wenn in der großen Markthalle unterhalb der markanten Kirche buntes Treiben herrscht. Die Autos der Einheimischen verstopfen dann die Straßen. Sie kommen, um sich mit Obst, Gemüse und Fleisch einzudecken.

In fremden Betten

Zwischen Bananenplantagen und Weingärten

Vila Afonso: Das sehr persönlich geführte Gästehaus bewahrt den Stil traditioneller Landgüter, ohne auf modernen Komfort zu verzichten. Die Einrichtung der nur vier Zimmer und zwei Bungalows wirkt inspirierend. Eine Perle ist der Garten mit weitem Blick zum Meer. Wer mag, kann den auf den eigenen Ländereien produzierten Wein verkosten.

Estrada João Gonçalves Zarco 574, T 291 91 15 10, www.vilaafonso.com | €€

Satt & glücklich

Spieß der Superlative

As Vides: Das angeblich älteste Lokal der Insel für den berühmten *espetada* (Rindfleischspieß). Beilagen gehen extra.

Rua da Achada 17, T 291 94 53 22, tgl. 12–16, 19–22.30 Uhr | €€

Termine

Festa do Vinho Madeira: ein Samstag Anfang oder Mitte September. Jeder ist eingeladen, bei der Ernte in einem Weingarten oder beim Traubenstampfen mit den Füßen neben der Markthalle mitzumachen.

In der Umgebung

Der alte Pilgerweg

In ein idyllisches Tal schmiegt sich der Ortsteil **Jardim da Serra.** Im Frühjahr blühen zahllose Kirschbäume. Einige englische Weinhändler unterhielten hier ehedem ihre Landsitze, auf die sich manchmal ein Blick erhaschen lässt. Eine steile Straße strebt weiter hinauf durch Kastanienwälder zur **Boca da Corrida** (1235 m). Die Auffahrt zum Pass lohnt wegen des Ausblicks ins Nonnental. Auch ist er Ausgangspunkt für eine Wanderung zum 1654 m hohen **Pico Grande** (mit Rückweg 5 Std., anspruchsvoll). Die Route folgt zunächst dem PR 12. Bevor dieser nach 1,5 Std. links in eine hohe Felswand einbiegt, zweigt an einem Sattel rechter Hand der schmale, teils schwindelerregende Pfad zum Fuß des Pico Grande ab. Der eigentliche Gipfel, ein markanter Felszipfel, ist auf den letzten Metern nur unter Zuhilfenahme der Hände zu erklettern.

Ribeira Brava 🗺 D 6

Hohe Felswände flankieren das enge Tal, in das sich die Kleinstadt zwängt. Auf die breite Meerespromenade stellen Cafés ihre Tische. In den Gassen dahinter gibt es hübsche kleine Geschäfte. Eine geschützte Badebucht mit Springbrunnen, Pool und Kinderbecken eignet sich zum Sprung ins Wasser.

Streifzug durch die Stadt

Blaue und weiße Fliesen schmücken den spitzen Glockenturm der **Igreja de São Bento** (Praça da Igreja, Mo u. Sa 9–17.30, Di–Fr 7.30–18, So 7–17 Uhr). Ein gotisches Portal im Inneren stammt wohl aus der Gründungsszeit der Kirche (um 1440), den Taufstein schickte König Manuel I. um 1500 aus Lissabon. Die vergoldeten Barockaltäre kamen im 17. Jh. hinzu.

Wow-Effekt: Bei Kirchenfesten schmücken sich die Dörfer Madeiras, hier Ribeira Brava, mit Girlanden in allen Farben der Malerpalette.

Hinter der Kirche steht die **Câmara Municipal** (Rua do Visconde), das Rathaus. In dem Palast aus dem 18. Jh. lebte früher die Familie des örtlichen Großgrundbesitzers. Der tropische Garten ist zu Bürozeiten öffentlich und gratis zugänglich.

Alltagsleben vergangener Zeiten

Sehr anschaulich dokumentiert das **Museu Etnográfico da Madeira** in einem Gutshaus (17. Jh.) Fischerei, Weinherstellung, Handwerk und Hausbau früherer Zeiten anhand von Gerätschaften, Trachten und Fotos.

Rua de São Francisco 24, www.facebook.com/museuetnografico.damadeira, Di–Fr 9.30–17, Sa 10–12.30, 13.30–17.30 Uhr, 3 €

In fremden Betten

Der Name ist Programm

Guesthouse The View: Eine Unterkunft mit individueller Note und wunderbarem Blick auf die Steilküste und das Meer. Die nur wenigen, komfortablen Zimmer haben alle Terrasse oder Balkon, entspannt wird am Infinity-Pool. Verschiedenste Aktivitäten können organisiert werden. *Adults only.*

Campanário, Rua Comandante Camacho de Freitas 231, T 925 52 78 70, buchbar über www.airbnb.com | €€

Satt & glücklich

Fischspezialist

Dom Luís: Fangfrischer Fisch liegt in einer Theke zur Auswahl aus. Weitere Spezialitäten sind Varianten vom *bacalhau* (Stockfisch) und *espetas* (Spießchen). Auf der Außenterrasse an der Meerespromenade munden Kaffee und Kuchen oder ein Eis.

Rua Marginal da Vila, T 291 95 25 43, tgl. 9–23 Uhr | €€

Stöbern & entdecken

Markthalle

Mercado Municipal: Ein Gemüsehändler mit einer Riesenauswahl an tropischem Obst, Trockenfrüchten und Nüssen hält hier die Stellung. Im Innenhof kommen am Wochenende Bauern hinzu, die ihre Erzeugnisse direkt vermarkten.

Rua Gago Coutinho e Sacadura Cabral, tgl. 7–21 Uhr

Infos und Termine

Posto de Turismo: Im kleinen Festungsturm an der Meerespromenade, der früher Piraten abwehren sollte.

Forte de São Bento, T 291 95 16 75, Mo–Fr 10–16, Sa 10–12.30 Uhr

Junge Frauen führen heute auf Madeira ein unbeschwerteres Leben. Die gesellschaftlichen Zwänge, denen ihre Mütter noch unterlagen, kennen sie nicht mehr.

Busse: Mit Rodoeste (www.rodoeste.com.pt) häufig nach Funchal, z.T. Express über die Schnellstraße, seltener entlang der Südwestküste oder in den Norden der Insel. Infokiosk am Busbahnhof (Rua Marginal/Ecke Rua Juvenal Sousa Pereira).

Festa São Pedro: 29. Juni. Zu Ehren von Sankt Petrus, dem Schutzpatron der Fischer, schieben die Gläubigen nach der Nachmittagsmesse sein Bildnis in einer Barke auf Rädern durch den Ort. Gegen 18 Uhr führt eine Männergruppe einen eigentümlichen mittelalterlichen Schwertertanz *(dança das espadas)* auf.

In der Umgebung

Nebelschwaden am Pass

Die **Boca da Encumeada** war seit jeher die bequemste Verkehrsverbindung zwischen Nord- und Südküste. Aber seit Eröffnung des Encumeada-Tunnels im Jahr 2000 quälen sich nur noch Ausflügler und der selten verkehrende Linienbus hinauf zum 1007 m hohen Pass. Unterwegs laden immer mal wieder Picknicktische zu einer Panoramapause ein. Vom Miradouro an der Boca da Encumeada ist beiderseits das Meer zu sehen. Frühes Kommen empfiehlt sich, denn mittags bildet sich eine Wolkenkaskade, die sich von Norden her über den Pass ergießt. Jenseits des Passes überwuchert Lorbeerwald die Hänge.

Ponta do Sol 🕮 D 6

Mediterranen Charme verströmt die Kleinstadt mit ihren engen Treppengassen. Für die Touristen des 19. Jh. wurde ein Bootskai (cais) gebaut, jetzt Wahrzeichen des Ortes. Sie kamen als Tagesausflügler nach Ponta do Sol, heute gibt es auch Unterkünfte. Ein Wellenbrecher schützt den grobkiesigen Strand vor der Brandung. Von Juli bis September liegen Holzbretter aus, um das Sonnenbaden zu erleichtern.

Kleine Erkundungstour

Architektonisch geschickt wurden alte Lagerhäuser am Meer in ein Hotel und einen Co-living Space für digitale Nomaden verwandelt. Die Kneipengasse Rua Dr. João Augusto Teixeira führt zur **Igreja Nossa Senhora da Luz.** Im Kircheninneren wirken Säulen, Bögen und Kanzel wie aus Marmor modelliert, sind aber nur entsprechend bemalt. Besonders kostbar die holzgeschnitzte Decke im iberisch-maurischen Mudejar-Stil. Wie das Taufbecken, ein Geschenk von König Manuel I., stammt sie aus der Zeit um 1500.

Jenseits einer Brücke steht die **Villa Passos,** das Haus der Vorfahren von John Dos Passos (1896–1970). Sein Großvater musste Madeira wegen einer Messerstecherei verlassen, wie der amerikanische Schriftsteller in seinen Memoiren verrät. Ponta do Sol stattete er 1960 einen Besuch ab und schrieb, Madeira sei »Paradies und Gefängnis zugleich«. Innen sind Bibliothek, Küche und Schlafzimmer im Stil des 19. Jh. zu besichtigen. Im Kulturzentrum nebenan finden Konzerte und Ausstellungen statt, auf dem Dach gibt es einen kostenfreien Co-working-Space.
Rua Príncipe D. Luís 3, Mo–Fr 9.30–17.30 Uhr, Eintritt frei

In fremden Betten

Bezahlbares Design

Estalagem Ponta do Sol: Kühn erbaut auf einer Klippe, bildet eine alte Villa den charmanten Mittelpunkt des Designhotels. Helle, großzügige Zimmer, ein über dem Meer schwebender Infinity-Pool, Spabereich und ein renommiertes Restaurant sind weitere Pluspunkte.
Quinta da Rochinha, Caminho do Passo 6, T 291 97 02 00, www.pontadosol.com | €€–€€€

Durchaus fashionable

Enotel Sunset Bay: Der Viersterner verbirgt sich hinter dem größeren Teil der ehemaligen Lagerhäuser am Meer. Alle Zimmer schauen zum Atlantik, manche besitzen auch einen Balkon. Relaxt wird aber vor allem auf der

Gipfel im Sumpf – **Pico Ruivo do Paúl**

Schottland auf Madeira, wer hätte es gedacht? Und doch drängt sich diese Parallele auf. Oft bei waberndem Nebel, manchmal nassen Fußes, bisweilen von der Sonne verwöhnt, wandern Sie durch Moorgelände zu einem idealen Aussichtsberg.

Morast wechselt mit Grasland ab. Genügsame Rinder weiden zwischen Adlerfarn, Ginster und Heidekraut. Bei schönem Wetter sorgen skurrile Wolkenformationen für Kontraste. Hier im Gebirgssumpf, so die wörtliche Übersetzung für **Paúl da Serra,** picknicken die Madeirenser im Sommer gern unter dem weiten Himmel. Im Herbst streifen Jäger auf der Suche nach Kaninchen durch das einsame Gebiet. Oft sitzen dicke Nebelbänke auf der rund 1500 m hoch gelegenen Ebene. Im Winter liegt sogar manchmal Schnee.

Sumpf und Wald

Der Einstieg in den vorgeschlagenen **Wanderweg** (1,5–2 Std., leicht) befindet sich an der **Abzweigung** 1 der **ER 105** zum **Forsthaus Estanquinhos.** Von Norden läuft eine schmale Levada auf die Straßengabelung zu. An dieser entlang führt Sie ein Trampelpfad durch eine Farnwiese. Froschtümpel und moosbedeckte Senken begleiten den Weg.

Bald erreichen Sie einen schattigen Wald, der seine Existenz der Wiederaufforstung von Paúl da Serra verdankt. Quer hindurch geht es über eine breite Piste hinweg und an Lichtungen vorbei, wo Einheimische am Wochenende zelten. Nach Verlassen des Waldes endet die Levada. Sie speist sich aus einem winzigen Bach, der mit einem Schritt überquert ist.

Der Aufstieg

Über einen von Adlerfarn überwucherten Hang hält eine lehmige Trittspur jetzt direkt auf die Gipfelsäule des **Pico Ruivo do Paúl** 2 zu, die Sie nach etwa 1 Std. Wanderzeit erreichen. Der Panoramablick ist genial. Nach Süden und Westen

Weitere Highlights bietet die Umgebung. Der Aussichtsberg **Bica da Cana** 3 (1620 m) an der ER 105 nach Encumeada ist in 10 Min. auf breitem, steinigem Weg vom gleichnamigen Forsthaus zu erreichen. Sein Rundumblick entschädigt Nicht-Wanderer. Die gewaltige marmorne Christusfigur **Senhor das Montanhas** 4, ragt neben einer uralten Hirtenquelle an der ER 209 nach Canhas auf. Unterhalb der heiligen Stätte quert die **Levada do Paúl** 5, flankiert von einem mittelschweren Wanderweg, die Straße. Unterwegs ergeben sich Blicke auf die Südwestküste aus der Flugzeugperspektive. Die Levada endet nach 1,5 Std. beim Parkplatz oberhalb von Rabaçal an der ER 105.

schauen Sie über Paúl da Serra, nach Norden auf die bewaldeten Küstenabhänge, im Osten erhebt sich die Dreierkette der höchsten Berge Madeiras. Nach ausgiebigem Genuss dieser Aussicht beginnt der Abstieg parallel zu einem Weidezaun, der Richtung Süden die Bergflanke hinunterzieht. Am Fuß des Berges dann auf einem breiten Weg rechts gehen, durch ein Gebüsch aus stacheligem Ginster, der sich im zeitigen Frühjahr in ein gelbes Blütenkleid hüllt. Der Weg mündet in eine Erdpiste, auf dieser rechts gelangen Sie zum Wald. Bald quert die schon vom Hinweg bekannte Levada, an dieser links zurück zum Ausgangspunkt.

Der ›Stolz Madeiras‹ gilt als schönste von Natur aus auf der Insel heimische Blütenpflanze.

INFOS

Anfahrt: keine Linienbusse. Offiziell heißt die Straße von Encumeada über Paúl da Serra nach Porto Moniz ER 105. Bei Google ist sie aber als ER 110 verzeichnet.

PICKNICKTIPP

Ein Freizeitgelände mit Tischen und Bänken liegt an der ER 209 Richtung Ribeira da Janela, nahe der Zufahrt zum **Posto Florestal do Fanal** 6. Nach dem Picknick lohnt ein Spaziergang zum Forsthaus. Knorrige Lorbeerbaumriesen wachsen hier, wie sie nirgendwo sonst auf Madeira zu finden sind, ihre dicken Stämme dicht von Moos und Farnen bewachsen.

Pico Ruivo do Paúl
0 2 km
Ribeira da Janela
6 Posto Florestal do Fanal
Chão da Cancela
São Vicente
Fanal 1225 m
Ribeira do Seixal ou de Sto. Antão
Achada do Cedjo 1511 m
Ribeira da Janela
Porto Moniz
209
Pico Ruivo do Paúl 1640 m
2
Estanquinhos
25 Fontes
Pico da Selada 1446 m
1
105
Rabaçal
Paúl da Serra
Bica da Cana 1620 m
3
Encumeada
105
Calheta
5
4
Levada do Paúl
Arco da Calheta
Canhas

Faltplan: D 4

Darf es eine Kugel Eis sein? Schlendern Sie doch anschließend über die Strandpromenade von Ponta do Sol und genießen Sie Sonne und Meeresbrise.

Dachterrasse. Innen ist alles modern und angenehm gestylt.
Av. 1° de Maio, T 291 97 01 40, www.enotel.com | €€

Satt & glücklich

Das In-Lokal auf dem Strand

Sun Spot Café: Beachclub-Atmosphäre bietet dieses Strandlokal. Morgens zum Frühstückskaffee, mittags zum leichten Lunch und abends auf einen Poncha zum Sundowner immer eine gute Wahl.
Av. 1° de Maio, T 291 97 45 40, tgl. 10–22 Uhr | €€

Der Spieß-Spezialist

Dos Amigos: Der Abstecher zu dem urigen Restaurant lohnt in jedem Fall. Vorzüglicher *espetada*, dazu wechselnde Tagesgerichte).
Estrada dos Combatentes 89 (ER 222 Richtung Canhas, 1 km vom Ortszentrum), T 291 97 43 35, tgl. 9.30–22.30 Uhr | €

Stöbern & entdecken

Erfrischend anders

The Old Pharmacy: Die alte Apotheke der Stadt wurde zum anspruchsvollen Souvenirladen, der zugleich Kunstgalerie, aber auch Tee-, Wein- und Tapasbar ist. Im Angebot etwa Tassen mit Azulejo-Motiven, Korktaschen, Schmuck.
Rua Dr. João Augusto Teixeira 23, So–Di u. Do 10–24, Fr/Sa 10–2 Uhr

Wenn die Nacht beginnt

Ponta do Sol ist einer der Hotspots des gehobenen Nachtlebens auf Madeira. An Wochenenden füllen sich die Lokale am Strand und in der angrenzenden Kneipengasse mit aufgedressten jungen Leuten. Im Sommer am Freitagabend oft Openair-Konzerte an der Uferstraße.

IN DER UMGEBUNG

Im höher gelegenen Ortsteil **Lombada da Ponta do Sol** lag früher die größte Zuckerrohrplantage Madeiras. Etwa 90 Sklaven schnitten hier das ›grüne Gold‹ für den Großgrundbesitzer João Esmeraldo, in dessen Haus in Funchal Christoph Kolumbus 1498 zu Gast war. Das weithin sichtbare **Solar dos Esmeraldos** (nicht zu besichtigen) blieb als eines der wenigen Gutshäuser aus dieser Zeit erhalten. Gegenüber steht die innen reich mit Barockfliesen verzierte **Capela do Santo Espírito** (Heilig-Geist-Kapelle, unregelmäßig geöffnet). Außerdem besteht das Gebäudeensemble aus einer ehemaligen Wassermühle, von einem Aquädukt gespeist, das sein Wasser aus der **Levada do Moinho** bezieht. Diese bietet sich zum Wandern an, ein wenig Schwindelfreiheit ist von Vorteil. Die mittelschwere Rundtour dauert 3–4 Std. Folgen Sie zunächst der romantischen ›Mühlenlevada‹ bis zu ihrem Ursprung im Tal der **Ribeira da Ponta do Sol**. Zurück geht es auf der moderneren, höher gelegenen **Levada Nova**. Sie verläuft spektakulär durch eine Felswand, ist aber durch Geländer gesichert.

Madalena do Mar

C 6

Nur eine Betonmauer schützt das Bananenbauerndorf vor den Atlantikwellen. Am westlichen Ortsrand vor dem kleinen Fischerviertel Banda d'Além schafft eine Palmenpromenade mit zwei Strandlokalen südländische Atmosphäre. Holzplanken dienen im Sommer an der kiesigen Praia als bequeme Liegefläche. Gleitschirmflieger nutzen die günstige Thermik an der jenseits aufragenden, roten Steilwand und landen am Strand. Wer immer mal sehen wollte, wie Bananen großgezogen werden, kann die drei Abschnitte der Rota da Banana (RB 1, RB 2, RB 3) durch die Plantagen abspazieren.

Satt & glücklich

Zeitgemäßes Fischlokal

Sol e Cantinho da Madalena: Das Lokal der etwas feineren Art an der Küstenstraße verfügt über eine schöne Terrasse. Immer eine Empfehlung wert ist der Tagesfisch.

Av. 1° de Fevreiro 112, T 291 62 46 21, Do–Di 10–22 Uhr | €€

Wenn die Nacht beginnt

Schräges Ambiente am Meer

A Taberna: Pfiffige Drinks sind hier angesagt. Dazu erklingt flotte Musik. Wer mag, nimmt sein Glas mit an den Strand gegenüber. Nicht zu verfehlen dank des peppigen Wandgemäldes von Olga Drak, die einen Kraken beim Mixen eines Cocktails festgehalten hat.

Av. 1° de Fevereiro 108, Di–So 12–23 Uhr

Calheta B 5

Das sonnige Klima beschert dem Ort an der ›Riviera Madeiras‹ einen gewissen Tourismus. Zwischen dem bescheidenen Stadtzentrum Vila und dem Jachthafen wurden zwei Badebuchten mit Sand aus Marokko aufgefüllt. In der Nähe stehen zwei größere Hotels. Individuellere, ländliche Unterkünfte bieten die höher gelegenen Ortsteile. Calheta war früher ein wichtiges Anbaugebiet für Zuckerrohr. Schlote alter Zuckermühlen am Meer zeugen davon.

Ein rätselhafter Mann gründete 1457 Madalena do Mar, er nannte sich **Henrique Alemão** – Heinrich der Deutsche. In Wirklichkeit soll er aber der für tot gehaltene König Wladislaw III. von Polen gewesen sein. Dieser sei nach der verlorenen Schlacht von Varna (1444) inkognito nach Jerusalem gepilgert. Später habe ihm der König von Portugal Asyl auf Madeira gewährt. Polnische Franziskanermönche spürten ihn auf. Daraufhin nach Funchal bestellt, soll ihn auf der Bootsfahrt dorthin ein Stein, der sich vom Cabo Girão löste, erschlagen haben.

Levadawege wie im Märchen – **bei Rabaçal**

Ein Zauberwald umgibt die Berghütte von Rabaçal. Moosbewachsene Wasserrinnen und rauschende Kaskaden lockten schon die Reisenden des romantischen Zeitalters in das Gebiet. Je nach Geschmack können Sie kürzere oder längere Wanderungen unternehmen.

Immer entlang der Wasserläufe auf dem Weg zu den 25 Fontes

Die Berghütte **Rabaçal** 1 liegt in einem dunkelgrünen Lorbeerwald, ganz weit drin im Talschluss der Ribeira da Janela. Diese kann damit punkten, mit ihren 12 km der längste Fluss Madeiras zu sein. Fünf Levadas stapeln sich hier übereinander, um das Wasser der zahlreichen Quellen aufzunehmen und zur trockeneren Südseite der Insel zu führen. Die Ingenieure dieses ausgeklügelten Systems errichteten ab 1824 in 1070 m Höhe ihr Quartier, die Häuser von Rabaçal. Anfänglich sollen sie sich vorwiegend der Jagd gewidmet haben. Ganz Portugal witzelte darüber. Erst 30 Jahre später ging es mit dem Levadabau ernsthaft los.

Zum Zwillingswasserfall

Auf dem Wanderweg **PR 6.1** (mit Rückweg 45 Min., leicht) gelangen Sie zur unterhalb der bewirtschaf-

teten Berghütte (s.u.) fließenden **Levada do Risco** 2. An dieser rechts, über die Abzweigung des **PR 6** hinweg. Schließlich kommt die **Cascata do Risco** 3 in Sicht, deren Wassermassen aus 100 m Höhe in zwei Strängen herabschießen, wobei je nach Jahreszeit einer davon auch einmal ausgetrocknet sein kann. Wegen der Rutschgefahr ist es verboten, bis zum Wasserfall zu gehen.

Zu den 25 Quellen

Für diese Wanderung ab Rabaçal (mit Rückweg 2 Std., mittelschwer) wählen Sie dieselbe Route bis zur Abzweigung des **PR 6**. Ein langgezogener Treppenweg leitet zur tiefer, bei 960 m, gelegenen **Levada das 25 Fontes** 4 über. Hier nach rechts gehen. Bald sehen Sie die Cascata do Risco aus einer anderen Perspektive. Im weiteren Verlauf wird der Levadaweg recht schmal, daher ist hier nur Einbahnverkehr zugelassen. Geländer vermitteln ein sicheres Gefühl.

Vor einer Brücke, 1 Std. ab Rabaçal, knickt der breitere Arm der Levada rechts ab. Ihm folgend stehen Sie gleich darauf vor einem felsigen Halbrund, in das sich die **25 Quellen** 5 ergießen. Je nach Jahreszeit tröpfeln sie auch eher, was der Schönheit der Stelle nicht schadet. Die rundgeschliffenen Felsen ringsum bieten sich für eine Rast an. Dann geht es zurück nach Rabaçal, teilweise auf einer Alternativroute, die den Einbahn-Levadaabschnitt oberhalb umgeht.

Schon im 19. Jh. zog es Reisende nach Rabaçal. Sie schipperten bis Calheta per Boot und mieteten dort Pferde oder Sänften. Unterwegs kamen sie durch den **Túnel do Cavalo** 6, den sogenannten Reitertunnel, der in Wahrheit viel zu niedrig ist, um ihn hoch zu Ross zu passieren. Mit einer Taschenlampe kommen Sie hindurch (10–15 Min.) und sparen so den Abstieg zur Hütte von Rabaçal. Der Einstieg in diesen Alternativweg befindet sich gegenüber vom Parkplatz **Levada 25 Fontes** 7, der an der Straße nach Calheta (ehem. ER 211) liegt. Zu den 25 Quellen sind Sie von dort mit Rückweg ca. 3 Std. unterwegs.

INFOS

Anfahrt: kein Linienbus; großer Parkplatz an der ER 105, Stichstraße zur Berghütte Rabaçal für Privatverkehr gesperrt. Hinunter dann zu Fuß in 20–30 Min. oder per Shuttlebus (einfach 3 €, hin- und zurück 5 €, begrenzte Plätze), bei mehr Zeit auch auf dem PR 6.2/6.3 über Levada do Alecrim und Lagoa do Vento (2,5–3 Std.). Die Wanderwege sind ab 2025 mautpflichtig (2 €). In der Hochsaison (Ostern, Pfingsten, Sommerferien) möglichst früh herfahren.

KULINARISCHES UND ÜBERNACHTEN

Das **Rabaçal Nature Spot Café** 1 in der Berghütte ist richtig stylish (T 967 51 81 23, tgl. 10–18 Uhr, kleine Gerichte, Kuchen, €€). Wer möchte, kann sich über www.booking.com in der Berghütte einquartieren (€–€€). Oben an der Landstraße brutzeln Grillspezialitäten auf dem Holzfeuer der **Churrascaria Cozinha a Lenha** 2. Die Hühnersuppe wird täglich frisch gekocht (Pico da Urze, ER 105, T 291 82 01 50, Sa–Do 10–19, Fr 10–20.30 Uhr, €).

Faltplan: C 4

Hier wird gewerkelt wie vor über 100 Jahren. Achzende Maschinen pressen das Zuckerrohr.

Zuckermühle in Betrieb

Die **Engenhos da Calheta** sind mit ihrem altertümlichen Gerät ein lebendes Museum. Zur Erntezeit von April bis in den Juni hinein wird aus dem Zuckerrohr Saft gepresst und dieser zu Rum und *poncha, bolo de mel* (›Honigkuchen‹) und *broas de mel* (Kekse mit Zuckersirup) verarbeitet. Im Shop auf der oberen Terrasse können Sie sowohl diese Spezialitäten wie auch frisch gepressten Zuckerrohrsaft gegen einen geringen Kostenbeitrag probieren und natürlich auch kaufen.

Vila (unterer Ortsteil), tgl. 10–18.30 Uhr, Eintritt frei

Portugals moderne Kunst

Der moderne Anbau der alten **Casa das Mudas** ist ein lichtdurchfluteter Traum aus Glas und Beton, entworfen vom Stararchitekten Paulo David. Für die Außenwände wählte er dunkles Vulkangestein, um an den geologischen Ursprung Madeiras zu erinnern. 2005 wurde das Gebäude für den renommierten Mies-van-der-Rohe-Preis nominiert. Hier logiert heute das **Mudas – Museu de Arte Contemporâneo**, das Werke aus seiner rund 400 Arbeiten umfassenden Sammlung zeitgenössischer Kunst aus Portugal präsentiert. Auch die einheimischen Malerinnen Lourdes de Castro und Martha Teles sind vertreten.

Estrada Simão Gonçálvez da Câmara, Di–Sa 9.30–13, 14–17.30 Uhr, 4 € (nur Barzahlung)

SCHLEMMEN, SHOPPEN, SCHLAFEN

In fremden Betten

Idylle in den Weinbergen

Quinta das Vinhas: Das bewirtschaftete Weingut hält sechs Gästezimmer im alten Herrenhaus (17. Jh.) und 14 Ferienhäuser bereit.

Estreito da Calheta, Sítio do Lombo dos Serrões, T 291 82 40 86, www.qdvmadeira.com | €€

Hoch über dem Ort

Atrio: Die wunderschöne Unterkunft am Waldrand befindet sich unter deut-

scher Leitung und ist ideal für Wanderer. 20 Zimmer, riesiger Garten, Frühstück mit Obst und hausgebackenem Brot sowie jede Menge Annehmlichkeiten wie Restaurant, Bar mit Kamin und Bibliothek, beheizter Pool, Sauna.
Estreito da Calheta, Lombo dos Moinhos Acima, T 291 82 04 00, www.atrio-madeira.com | €€

Landhotel mit weitem Meerblick

Quinta Alegre: Ein exotischer Garten umgibt das gepflegte kleine Hotel, in dem vorwiegend Wanderer die familiäre Atmosphäre und das gute Frühstücksbuffet (auf Wunsch auch Abendmenü) genießen. Deutsch geführt, das Team besteht aber großenteils aus Madeirensern.
Estreito da Calheta, Rua do Hotel 48, T 291 82 04 80, www.quinta-alegre.de | €€

Satt & glücklich

Meeresfrüchte ganz typisch

Beira Mar: Urlauber wie Einheimische schätzen die schmale Terrasse hinter dem Hafen. Spezialitäten sind *arroz de marisco* (Meeresfrüchte-Reis) und geschmorter Tintenfisch), den kleinen Hunger stillen *doses* (Portionen) von Muscheln, Krabben und Meeresschnecken.
Av. Dom Manuel I. 8, T 291 82 24 42, Montag Ruhetag | €€

Unübertroffene Aussicht

Convento das Vinhas: Am schönsten die Tische mit Meerblick an der Fensterfront. Freundlicher Empfang, gehobenes Ambiente, authentische Madeira-Küche, z.B. *cabrito* (Zicklein).
Sítio do Convento – Salão (nahe Casa das Mudas), T 291 82 21 64, Mi–Mo 11–22 Uhr | €€

Wenn die Nacht beginnt

An Wochenenden flanieren Ausflügler aus Funchal abends im **Jachthafen**. Dann füllen sich die Lokale am Wasser, von denen mal das eine, mal das andere angesagt ist.

Sport & Aktivitäten

Lobosonda: Das liebevoll restaurierte Fischerboot Ribeira Brava ermöglicht **Wal- und Delfinbeobachtung** auf eine besonders charmante Weise. Die Naturpädagoginnen an Bord sprechen deutsch. Im Programm sind außerdem Ausfahrten mit dem rasanten Schlauchboot Stenella. Ausflüge ganzjährig, ca. 2,5 bzw. 2 Std., 45 bzw. 57 € pro Person.
Marina da Calheta, T 968 40 09 80, www.lobosonda.com

Termine

MADEIRADiG Music Festival: Sieben Tage Anfang Dez., www.madeiradig.com. Jedes Jahr treffen sich internationale Kulturschaffende aus dem Bereich digitale Musik in der Casa das Mudas, um ihre Werke vorzustellen.

Jardim do Mar

B 5

Wenn die Brandung anrollt, stürzen sich Wellenreiter ins Meer. Die Surferszene hat den Fischerstrand als Tummelplatz entdeckt. Zum Baden eignet er sich weniger. Die schöne Promenade am Wasser lockt als Trainingsstrecke für Walker, wenn auch etwas kurz geraten. Oben durch das Dorf schlängeln sich schmale Fußgängergassen, die überraschend in kleine Aussichtsbalkons münden. Treppen steigen zum Atlantik hinab.

In fremden Betten

Hoch über den Dächern

Tarmar Place: Das kleine Hotel mit dem gleichnamigen Restaurant bietet ordentliche Zimmer und eine Dachterrasse mit Top-Meerblick.
Rua do Portinho 13, T 291 82 30 50, buchbar über www.booking.com | €€

Familiäre Öko-Pension

Cecilia's House: Angenehme Unterkunft mit verschiedenen Zimmerkategorien vom Zimmer mit Gemeinschaftsbad bis zum komfortablen Penthouse, bei Surfern sehr beliebt. Dachterrasse und Teegarten, wo Kuchen und Smoothies serviert werden. Küchenbenutzung möglich, einige Wohneinheiten haben sogar eigene Küchen.

Vereda das Pedras 12, Jardim do Mar Concelho da Calheta, T 291 82 26 42, www.ceciliashouse.pt | €–€€

Satt & glücklich

Angesagte Hafenspelunke

Portinho: Das junge, sportliche Publikum genießt die Aussicht von der Lounge-Terrasse bei einem Drink. Für den kleinen Hunger gut: Sandwiches, Salate oder *doses* (Portionen) von Meeresfrüchten.

Rua do Portinho 2, T 291 82 71 35, Di–So 10–22 Uhr | €

Eine Institution

Joe's Bar: Seit Jahren ›die‹ Adresse im alten Ortskern. Die urige Kneipe serviert auf der lauschigen Terrasse Fruchtsäfte und Apfelwein, aber auch sättigende Gerichte.

Vereda da Igreja 12, T 966 13 02 08, Mo–Sa 10–24 Uhr | €

Paúl do Mar 🕮 A 4

Die Atmosphäre am kleinen Hafen und in den Gassen des Fischerdorfs ist noch wie anno dazumal. Es gibt auch einen winzigen, durch Wellenbrecher geschützten Badestrand. Eine der spektakulärsten Straßen Madeiras windet sich von Paúl do Mar durch steile Felswände nach Fajã da Ovelha hinauf. Auch drei steile Wanderwege beginnen im Ort: Der alte Pflasterweg PR 19 steigt in 45 Min. vom Hafen nach Prazeres hinauf und lässt sich mit dem komplizierten Abstieg von

Martialisch wirkt das Bronzedenkmal, das sich symbolisch für die Fischer von Paúl do Mar den Wellen entgegenstemmt.

Raposeira (Vereda da Atalaia) zum Rundweg ergänzen. Die serpentinenreiche Vereda dos Zimbreiros vom Surferstrand am Westrand von Paúl do Mar führt in rund 1 Std. nach Fajã da Ovelha.

In fremden Betten

Nicht weit vom Surferstrand

Villa Amore: Eine Pension mit ein paar Zimmern und Apartments, einem Blick über Bananenplantagen und nur eine Fußgängerminute vom Meer entfernt. Hauseigenes Café, das auch das sehr reichliche Frühstück liefert.
Estrada Regional 223, No. 40, T 918 91 99 20, buchbar über www.booking.com | €€

Satt & glücklich

Am alten Hafen

Bar dos Pescadores: Die Fischerkneipe stellt Tische auf den zentralen Platz und bietet verschiedene Meeresfrüchte an.
Praça Vasco da Gama Rodrigues, T 967 01 88 04, tgl. 6–24 Uhr | €

Prazeres 🕮 B 4

Im Winter ist es hier kühl und oft neblig, im Sommer angenehm frisch. Rund 600 m hoch liegt das idyllische Dorf auf einem Bergrücken. Es gibt noch viele Bauern, ringsum wachsen Obst und Gemüse. Verschiedene Unterkünfte sorgen für einen bescheidenen Anteil am Madeira-Tourismus.

Der Garten des Pfarrers

Pater Rui Sousa verwandelte den Garten seines Pfarrhauses hinter der Kirche in einen pädagogischen Gutshof und schuf Madeiras ersten und bisher einzigen Hofladen.
Mitarbeiter der **Quinta Pedagógica** (tgl. 9–18 Uhr, Eintritt frei) bauen Heilkräuter an und verkaufen Kräutertee; außerdem Marmeladen, auch so exotische Sorten wie etwa *moganga* (eine kleine Kürbissorte) oder *pimpinela branca* (ebenfalls eine kürbisähnliche Frucht), *sidra* (Apfelwein) und Apfelessig. Die dafür benötigten Früchte kauft der Pfarrer direkt bei örtlichen Produzenten zu fairen Preisen. Auch saisonales Obst und Gemüse wird hier angeboten. Der Laden ist zugleich *casa de chá* (also Teehaus), wo die eigenen Tees aufgebrüht werden, und umgeben von einem gepflegten, exotischen Ziergarten.

In fremden Betten

Bombastische Lage

Jardim Atlântico: Das terrassenförmig angelegte Hotel hat einen grandiosen Ausblick die Steilküste hinab. Es gibt sowohl einen Pool im Freien als auch ein Hallenbad, beide sind für Hotelgäste kostenlos zu nutzen. Ein Mietwagen ist von Vorteil, aber man kommt auch ohne zurecht, denn Wanderungen können direkt ab Hotel gebucht werden.
Lombo da Rocha, T 291 82 02 20, buchbar über www.booking.com u.a. | €€

Satt & glücklich

Der Dorfklassiker

Chico: In dem winzigen Lokal bestellen Einheimische gerne eines der deftigen Grillgerichte, etwa Rippchen.
Caminho Lombo da Rocha 164, nahe der Kirche, T 291 82 28 36, Di–Fr 13–21, Sa 12–21, So 12–17 Uhr | €€

Stöbern & entdecken

Der vielleicht beste Bauernmarkt

Mercado Abastecedor: Zwar findet der sonntägliche Erzeugermarkt in einer großen, unpersönlichen Halle statt, doch das Angebot an Obst, Gemüse, Kräutern, frisch gepressten Säften und Landbrot sucht seinesgleichen auf Madeira. Frühzeitig eintreffen, sonst sind die besten Sachen schon ausverkauft.
Caminho da Referta, So 8–13 Uhr

Die Nordseite

Hier zeigt sich Madeira noch erstaunlich unberührt. Natürliche Felsenpools sind der Clou in Porto Moniz und Seixal. Spektakulär hingegen die Steilküste, auch jenseits des Weinbauernstädtchens São Vicente. Dort ist in den verträumten Dörfern Boaventura und São Jorge Abgeschiedenheit garantiert. In Santana, das den Titel Biosphärenreservat trägt, stehen die letzten Strohhäuser. Im Zauberwald von Queimadas blühen Rhododendronbäume, und Madeiras höchster Berg, der Pico Ruivo, bietet dazu den perfekten Panoramablick.

Ponta do Pargo

A 3

Das Dorf thront über der windumbrausten Westspitze Madeiras. Auf saftigen Wiesen weiden Kühe. Ein Blick in die Pfarrkirche lohnt wegen des farbenfrohen, modernen Deckengemäldes, das Engel neben westmadeirensischen Landschaften zeigt. Die Bauarbeiten für einen von Nick Faldo entworfenen Golfplatz auf dem schrägen Plateau zwischen Ort und Steilküste kommen voran, 2026 soll die Anlage eröffnen.

Weiter Blick vom Leuchtturm

Portugals höchstgelegener Leuchtturm, 1923 am Westkap Madeiras errichtet, steht 312 m über dem Meer. Beeindruckend der Blick auf Klippen und Atlantik von der Terrasse am Parkplatz, der **Farol** selbst darf normalerweise nicht bestiegen werden. Im Wärterhaus sind Bilder aller Leuchtfeuer der Insel zu sehen (Mo–Fr 9.30–12.30, 14–16.30 Uhr, Eintritt frei).

Satt & glücklich

Aussichtslokal mit Hüttenflair

Casa de Chá O Fio: Bei schönem Wetter kommt an den Holztischen draußen über der Steilküste eine Stimmung wie weit weg in den Bergen auf. Der Clou ist Tee mit Kräutern aus dem Hausgarten, dazu gibt es selbstgebackenen Rührkuchen.
Miradouro da Casa de Chá (schmale Zufahrtsstraße ab Ponta do Pargo), T 291 88 25 25, Mo–Fr 11–19 Uhr | €–€€

In der Umgebung

Achadas da Cruz liegt ›jwd‹, wie der Berliner sagen würde. Die kurvenreiche Anfahrt zu dem Bauerndorf lohnt wegen des dramatischen Blicks vom **Miradouro** an der Bergstation des **Teleférico** (ca. 2 km ab Ortszentrum) und der dortigen, total urigen Snack Bar Calhau 450 m tiefer erstreckt sich die langgezogene Küstenebene **Calhau** mit Weingärten, die nur auf einem steilen Fußweg oder eben mit der Seilbahn zu erreichen sind. Wobei die Fahrt die Steilküste hinab nichts für ängstliche Gemüter ist (Winterhalbjahr tgl. 8–12, 13–16.30 Uhr, letzte Bergfahrt 18 Uhr, im Sommer z.T. länger, mit Warteschlangen ist zu rechnen; Einzelfahrt 3 €, hin und zurück 5 €).

Porto Moniz

B 2

Helle Häuser stehen auf einer dunklen, in den Atlantik ragenden Lavazunge. Den attraktivsten Blick auf den Ort bietet der Miradouro da Santinha an der Straße von Santa kommend. Wer sich hingegen von der Nordküste her nähert, tut dies durch eine lange Tunnelstrecke, die eine halsbrecherische Straße in der Steilküste ersetzt hat. Letztere ist nur noch in kurzen Abschnitten befahrbar, wegen Steinschlag auf eigenes Risiko.

Madeiras Unterwasserwelt

Das **Forte São João Baptista** schützte im 18. Jh. vor Piraten. Jetzt zeigt das **Aquário da Madeira** in der Hafenfestung die Fauna der angrenzenden Küste in naturnahem Ambiente. Manche Becken sind wie Höhlen oder Gezeitentümpel gestaltet. Aus der Perspektive eines Tauchers können Sie in einem großen Bassin ganze Fischschwärme vorüberziehen sehen.
Rua Forte S. João Baptista, tgl. 10–18 Uhr, 7 €

In fremden Betten

Nicht weit vom Schwimmbad

Salgueiro: Kleine Hotelpension mit eigenem, gutem Restaurant, in dem Übernachtungsgäste 10 Prozent Rabatt erhalten. Zu den Piscinas Naturais sind es quer über die Straße nur wenige

Nicht ohne Risiko ist es für das kleine Fischerboot, die wilde Felsküste von Porto Moniz so hautnah zu passieren.

Schritte. Die Atmosphäre ist familiär.
Lugar do Tenente 34, T 291 85 00 80, https://salgueiroportomoniz.com | €

Schickes Komforthotel

Euro Moniz: Die Unterkunft punktet mit einer Frühstücksterrasse im gartenartigen Innenhof sowie mit einem Hallenbad. Das Frühstück ist einfallsreich mit viel Obst und frisch zubereiteten Häppchen. Von der eleganten Bar im Dachgeschoss perfekter Meerblick.
Rua das Alfarrobeiras 4, T 291 85 00 50, www.hoteleuromoniz.com | €–€€

 Satt & glücklich

Mit Sonnenterrasse

Pólo Norte: Bei gutem Wetter lockt die Dachterrasse, ansonsten wird auf den landestypischen Speisesaal ausgewichen. Auf der Karte stehen viele Meeresfrüchte.
Rotunda da Piscina, T 291 85 33 22, www.restaurantepolonorte.com, tgl. 12–22 Uhr | €€

Infos und Termine

Posto de Turismo: Rotunda da Piscina, T 291 85 30 75, Mo–Fr 10–16, Sa 10–12.30 Uhr

Semana do Mar: letzte Juliwoche. In der ›Meereswoche‹ finden Jetski-Rennen, Bootsregatta, Misswahl und Modenschau statt. Es ist viel Musik zu hören, Stände bieten kulinarische Spezialitäten an.

IN DER UMGEBUNG

Fantastische Felsen gucken

Der grobsteinige Strand an der Flussmündung von **Ribeira da Janela** eignet sich gar nicht zum Baden, dafür aber zum Staunen und Fotografieren. Bei Nordwind bieten die Wellen, die sich an den vorgelagerten Felsinseln **Ilhéus da Ribeira da Janela** brechen, ein Schauspiel der besonderen Art.

In den Lorbeerwald wandern

Die beliebte Wanderung entlang der **Levada da Ribeira da Janela** (hin/zurück 3,5 Std., leicht) war bei Redaktionsschluss schon seit mehreren Monaten wegen Steinschlaggefahr gesperrt. Im Ort hoffen alle auf eine baldige Wiedereröffnung, daher hier eine kurze Beschreibung: Am Wasserspeicherbecken von Lamaceiros oberhalb von Porto Moniz, beim dortigen

Im Lavapool baden – **Piscinas Naturais in Porto Moniz**

Heißes, fließendes Gestein ging mit dem kalten Meerwasser eine brodelnde Mischung ein. Was blieb, sind bizarre Felsen am Küstensaum, von natürlichen Becken unterbrochen, die zum Schwimmen einladen oder – wenn die Brandung tosend gegen die Klippen schlägt – ein grandioses Naturschauspiel bieten.

Am Wochenende und in den Ferien reisen Familien von der ganzen Insel an. Kinder paddeln zwischen kleinen Fischen und Seeanemonen umher, Mütter genießen das Sonnenbad auf den Liegeflächen zwischen Felsen und Pools, Väter stehen diskutierend am Beckenrand. Vor allem die Madeirenser selbst nutzen die Naturschwimmbecken von Porto Moniz. Dabei wird der Ort fast jeden Tag auch von Reisebussen und vielen Mietwagen angesteuert. Doch die Touristen auf Inselrundfahrt begnügen sich meist mit einem kurzen Bad und einem Mittagessen in einem Restaurant, bevor es weitergeht zum nächsten Ziel.

Nicht immer badeten die Madeirenser in den Lavapools. Früher dienten diese zum Fischfang. Bei Flut schwappten die Fische mit der Brandung in die Becken, bei ablaufendem Wasser waren sie darin gefangen. Nun wurden sie mit dem giftigen Saft der einheimischen Fischfang-Wolfsmilch (ja, sie heißt wirklich so) betäubt und ließen sich dann von Hand einfangen. Vermutlich brachten Sklaven von den Kanarischen Inseln, die im 15. und 16. Jh. in den Zuckerrohrplantagen arbeiten mussten, diese Fangmethode nach Madeira. Mit der Zeit geriet sie in Vergessenheit.

Die kleinen Becken

Der **Ilhéu Mole** 1, eine kleine, gelbsteinige Insel, getoppt von einem winzigen Leuchtturm, ist der Halbinsel von Porto Moniz vorgelagert. In ihrem Windschatten liegen die Piscinas Naturais Velhas, ein paar natürlich gebliebene Bassins zwischen scharfkantigen Felsen. Gewundene Pfade führen durch das Labyrinth. Diese Badezone ist frei zugänglich, allerdings unbewacht. Bei stärkerer Brandung also Vorsicht! Und die Infrastruktur besteht nur aus schmalen Betonliegeflächen und einer Süßwasserdusche. Mittendrin stehen die Sonnenschirme des Poças Café, das den stärksten Kaffee weit und breit serviert.

Das große Schwimmbad

Der breite **Passeio Marítimo** 2 verbindet die kleineren Becken mit einer zweiten Badezone weiter im Westen. Unterhalb der **Rotunda da Piscina**, eines von Souvenirshops und Restaurants umgebenen Kreisverkehrs, liegen die **Piscinas Naturais** 1. Hier wurden die von der Natur vorgegebenen Becken zu einem großzügigen Schwimmbad zusammengefasst. Das Wasser erneuert sich bei Flut von selbst und bleibt dadurch hygienisch einwandfrei. Auch hier sind Felsgruppen eingestreut, betonierte Flächen dazwischen ersetzen den fehlenden Sandstrand. Die Anlage wartet mit Umkleidekabinen, Duschen, Schließfächern, Kinderbecken und einem Strandlokal mit toller Aussicht auf. Dieses Schwimmbad ist bewacht. Rote Beflaggung bedeutet Badeverbot, bei Gelb sollten nur geübte Schwimmer ins Wasser gehen, grün ist okay.

Barrieren aus Lavagestein halten die Brandung fern. Das Wasser im Badeteich ist oft spiegelglatt.

INFOS/ÖFFNUNGSZEITEN

Piscinas Naturais 1: Rotunda da Piscina, im Winter tgl. 10–17 Uhr, im Sommer auch länger, bei ungeeignetem Wetter geschl., 3 €

KULINARISCHES FÜR ZWISCHENDRIN

Sonnensegel überspannen die großzügige Terrasse des **Olhos d'Água** 1 an der Meerespromenade. Am begehrtesten sind die Tische direkt über der Brandung. Auch innen gibt es einige Sitzplätze. Gute Küche mit Meeresfrüchten und fangfrischem Fisch – oder auch einfach für Kaffee und Kuchen (Passeio Público Marítimo, T 291 85 27 78, tgl. 8–22 Uhr, €€).

Faltplan: B 2

Picknickplatz, geht es los. Bewaldete Berghänge staffeln sich in allen Grün- und Blautönen hintereinander und verlieren sich hinten im Tal im Dunst. Immer dichter wird der Lorbeerdschungel, Schlingpflanzen überwuchern die Wegränder, schließlich öffnet sich gähnend ein Tunnel. Für die Durchquerung des finsteren Lochs benötigen Sie eine Taschenlampe, dahinter tost ein Wasserfall. Hier empfiehlt sich die Umkehr.

Seixal  D 3

Porto Moniz ist Ihnen zu rummelig? Im benachbarten Seixal haben Sie an der Spitze der ins Meer ragenden Felsen eine Naturpoollandschaft oft ganz für sich. Wenn dort die Brandung zu heftig tobt, sind der sandig-kiesige Badestrand Praia de Laje im Westen und die geschützte Badebucht am Hafen beim Clube Naval Alternativen. Die Bewohner des spektakulär auf einer Felszunge hockenden Dorfs leben vom Weinbau.

Die Schweiz Madeiras

Chão da Ribeira vergleichen die Einheimischen gerne mit der Schweiz. Wirklich ist das Hochtal, von steilen Hängen flankiert, landschaftlich beeindruckend. Ganz hinten führen Pfade in die grüne Welt des Lorbeerwaldes. Wer eine richtige Wanderung unternehmen möchte, findet hier den Einstieg in den **Caminho das Voltas** (zur Hochebene Paúl da Serra, hin und zurück ca. 3 Std.). Auf diesem Weg bestehen gute Chancen, der scheuen Silberhalstaube zu begegnen. Der mit unserer Ringeltaube verwandte Vogel trägt entscheidend zur Verbreitung der Lorbeerbäume bei, denn er ernährt sich von deren fleischigen Früchten.

Satt & glücklich

Selbst grillen

Talho Seixal: Der Metzger verkauft das Rindfleisch für die landestypischen Spieße *(espetadas)*, die man neben dem Haus über Holzkohle selbst garen und gleich an Picknicktischen verspeisen kann.
Estrada de Setor Antão, 9–18 Uhr | €

Autos benutzen heute die Tunnelstrecke, die noch befahrbaren Abschnitte der alten Nordküstenstraße bleiben Abenteurern vorbehalten.

Abgefahrene Stimmung

Lounge Bar Clube Naval do Seixal: Ein Strandlokal wie es sein soll, gut zum Essen von Meeresfrüchten und Fisch. Vor allem im Sommer geht hier auch abends beim Rum oder Poncha die Post ab.

Cais do Seixal, tgl. 10–22 Uhr, im Sommer z.T. bis 24 oder 2 Uhr | €–€€

São Vicente 🕮 E 3

Pflastergassen und Treppen verteilen sich zwischen weißen Häusern mit Blumenschmuck. Die Igreja de São Vicente (tgl. geöffnet) ist einem Märtyrer aus Valencia gewidmet, der mit einem Mühlstein beschwert ins Meer geworfen wurde. Zwei Raben sollen seinen Leichnam zurück ans Ufer begleitet haben. Diese Geschichte erzählt das schwarz-weiße Pflastermosaik vor dem Eingang. Innen war mal wieder Max Römer (▶ S. 27) am Werk. Er bemalte Wände, Pfeiler und Decke in seinem impressionistischen Stil.

Spaziergang zum Meer

Der moderne, etwas nüchtern geratene **Parque Urbano** (Stadtpark) erstreckt sich vom kleinen Stadtzentrum bis zur Flussmündung. Dort logieren in einer Zeile alter Lagerhäuser einige nette Restaurants, Bäckerei und Supermarkt. Der brandungsumtoste Kiesstrand eignet sich nicht zum Baden. Ersatz bietet eine Badezone 2 km östlich in **Fajã da Areia**.

In fremden Betten

Am gurgelnden Meer

Estalagem do Mar: Alle 91 Zimmer des Hotels an der Felsküste bieten Meerblick, allerdings nach Norden hinaus. Der Garten an den Klippen lädt zum Sonnenbaden ein, Außenpool und beheiztes Hallenbad vorhanden.

Juncos, T 291 84 00 10, www.estalagemdomar.com | €€

WEIN

Sie tragen Namen wie Terras do Avô (›Land des Großvaters‹), Pedra de Fogo (›Feuerstein‹) oder Barbusano (ein einheimischer Lorbeerbaum). Dem klassischen Madeirawein machen sie, was die Beliebtheit bei ausländischen Besuchern betrifft, schon längst Konkurrenz – die modernen, leichten Tischweine von Madeira. Seit den 1990er-Jahren schießen die Produzenten vor allem im Norden der Insel wie Pilze aus dem Boden, etwa 15 sind es bereits. Sie keltern Rot-, Weiß- und Roséweine, die anspruchsvolleren davon dürfen die Herkunftsbezeichnung ›DOP Madeirense› tragen. Noch sind sie gegenüber den Festlandgewächsen in der Minderheit, doch es lohnt sich, in Restaurants danach zu fragen.

Charmantes Landhotel

Estalagem do Vale: Im Ortsteil oben im Tal wartet das 150 Jahre alte, ehemalige Herrenhaus mit 41 Gästezimmern auf. Im Garten steht ein Pool zur Verfügung, der im Winter abgedeckt und beheizt wird. Mit Restaurant und Bar.

Síto das Feiteiras de Baixo, T 291 84 01 60, www.estalagemdovale.com | €€

Satt & glücklich

Café auf dem Platz

Estoril: Innen schlicht, aber die Tische gegenüber der Kirche sind sehr begehrt.

Praça da Igreja, tgl. 8–21 Uhr | €

IN DER UMGEBUNG

Gar nicht verkalkt

Einer Privatinitiative entspringt der **Núcleo Museológico Rota da Cal.** Früher wurde an dieser Stelle der auf Madeira seltene Kalk abgebaut. Im kleinen Museum sind hier gefundene,

Bergkapelle und Unterwelt – **im Tal von São Vicente**

Ein weithin sichtbarer weißer Kirchturm krönt den spitzen Kegel des Pico da Cova. Von Nahem staunen Sie vermutlich nicht schlecht, denn eine Kapelle ist komplett in den Turm integriert. Ein leichter, zweistündiger Rundwanderweg erschließt den Gipfel und das Vulkanzentrum zu seinen Füßen.

Starten Sie in São Vicente am Südrand des **Parque Urbano** 1, wo gegenüber der Touristeninformation eine alte Steinbrücke über den Fluss führt. Am anderen Ufer geht es über einem Treppenweg hinauf zum **Miradouro dos Cardais** 2 mit Blick über den Ort. Folgen Sie nun einer Straße, halten Sie sich an einer Gabelung links und bald darauf wieder links. Auf Treppen durch Terrassenfelder erreichen Sie die **Levada dos Cardais.** An dieser führt die Route in Gegenrichtung zur Beschilderung des offiziellen PR-Wanderwegs südwärts durch ein wildromantisches Tal und zweigt danach bald links ab, um den **Pico da Cova** 3 im Uhrzeigersinn zu umrunden. An seiner Südflanke treffen Sie auf eine steile Treppe, auf dieser sind noch 50 Höhenmeter zu überwinden bis zum Ziel. Zum Fuß der Treppe könnten Sie von der anderen Seite her übrigens auch mit dem Auto fahren.

Erst im 19. Jh. entdeckten Anwohner das Höhlensystem von São Vicente. Rasch verbreitete sich die Kunde davon. Der englische Forscher James Johnson nahm in den 1880er-Jahren eine erste wissenschaftliche Untersuchung vor. Höhlenbewohner, etwa seltene Spinnentiere, wie in anderen Grotten Madeiras, wurden nie gefunden.

Turm ohne Kirche

Die Treppe endet am Gipfel des Pico da Cova vor der **Capela de Nossa Senhora de Fátima,** die nur aus einem 14 m hohen Turm besteht. Sein Erdgeschoss dient als Gebetsraum und ist meist verschlossen. Schade! Dafür entschädigt der tolle Ausblick über das Tal. Gläubige errichteten den Bau zwischen 1942 und 1953 unter Anleitung des Ortspfarrers. Seither verehrt man hier die Madonna von Fátima. Von der Kapelle führt an der Westflanke des Bergs der renovierte alte Pilgerweg **Caminho do Laranjal** abwärts zu einer Dorfstraße. An dieser kommen Sie rechts, an

Süßkartoffelfeldern und Obstgärten vorbei, zu den **Grutas de São Vicente** 4. Ein glühender Lavastrom, der vor Jahrtausenden das Tal durchfloss, erschuf das vulkanische Höhlensystem. Seit einigen Jahren ist es für Besucher geschlossen, da Einsturzgefahr besteht.

INFOS/ÖFFNUNGSZEITEN

Centro do Vulcanismo 4: www.grutasecentrodovulcanismosaovicente.com, Führungen in Englisch (ca. 30 Min.), Di–So 9–17.15 Uhr, 25. Dez. geschl., 5 €

IN FREMDEN BETTEN

Mitten im idyllischen Tal unterhalb des Pico da Cova bietet die **Casa da Piedade** 1, eine kleine Quinta aus dem 18. Jh., sieben elegante, komfortabel eingerichtete Zimmer. Der Garten mit seiner großen Liegefläche auf dem Rasen steht allen Gästen zur Verfügung. Selbstversorger dürfen zudem auch die historische Küche benutzen (Sítio do Laranjal, T 291 84 60 42, www.casadapiedade.com, €).

Faltplan: E 3

Staunend stehen die Besucher vor der glühenden Weltkugel im Vulkanzentrum der Grotten von São Vicente.

Vulkanzentrum und Wassergärten

Die Wiedereröffnung der Höhle steht noch in den Sternen. Bis es soweit ist, können Sie zumindest das angrenzende **Centro de Vulcanismo** 4 besuchen. In einem stillen Teich auf dem Dach des Vulkanzentrums sehen Sie Ihr Spiegelbild. Unten im Gebäude – ein breiter Korridor führt hinab – informieren Schautafeln über Aspekte des Vulkanismus und die Geschichte seiner Erforschung, aber auch über die Gefahren der Vulkane für den Menschen und ihren Nutzen durch Gewinnung von Erdwärme. Ein 10-minütiger Film zeigt die Entstehung Madeiras. Dann folgt die Abfahrt in die Unterwelt – mit einem schaurig-schönen Lift, der irgendwie themenfremd an den Wilden Westen erinnert. Unten wartet eine dreidimensionale Reise spezieller Art, die im Zeitraffer durch die Geschichte von Sonnensystem und Erde führt.

Nach all diesen Eindrücken können Sie draußen in den **Jardins de Água,** den Wassergärten, relaxen. Oder in der kleinen Cafeteria der Anlage eine Pause einlegen, bevor es auf der Straße weiter hinab nach São Vicente geht, zurück zum Ausgangspunkt.

7 Mio. Jahre alte Fossilien zu sehen. Ein Lehrpfad streift die Steinbrüche, einen restaurierten Kalkofen und strohgedeckte Kuhställe.
Sítio dos Lameiros, Di–Sa 10–17 Uhr, Eintritt frei

Ponta Delgada

F 3

Eher abseits der touristischen Pfade liegt dieses Dorf. Im ehemaligen Winzerviertel weit oberhalb der Küste unterhielten früher Großgrundbesitzer ihre vornehmen, inzwischen meist zur Ruine gewordenen Sommervillen. Unten am Meer drängen sich Häuser um eine Wallfahrtskirche.

Wohnkultur von einst

Eines der herrschaftlichen Anwesen, denen Ponta Delgada den Beinamen Corte do Norte (Hof des Nordens) verdankte, ist aufgrund einer testamentarischen Verfügung der letzten Erbin für Besucher geöffnet. Das **Solar do Aposento** (Rua dos Moinhos, Di–Sa 10–16 Uhr, Eintritt frei) vermittelt einen guten Eindruck davon, mit welchen Einrichtungsgegenständen sich der Inseladel früher umgab.

Im Pilgerzentrum

In der Sakristei der **Igreja do Senhor Bom Jesus** (tgl. geöffnet) verehren die Gläubigen ein verkohltes Fragment. Der Rest der hölzernen Jesusfigur fiel 1908 einem Brand zum Opfer. Im 15. Jh., so die Legende, war die Statue bei Ponta Delgada auf wundersame Weise an die Küste geschwemmt worden und zog bald zahlreiche Pilger an. Diese und andere Besucher erfreuen sich in der nach der Feuerkatastrophe neu erbauten Kirche seit den 1990er-Jahren an einem modernen Deckengemälde. Von einem einheimischen Künstler gefertigt, brilliert es mit heiteren Darstellungen von Pflanzen und Tieren.
Gleich nebenan schmiegt sich in die Felsklippen ein Freibad, der **Complexo Balnear** (tgl. 10–19, an Sommerwochenenden bis 20 Uhr, im Winter geschl., 1 €), mit großem Meerwasserpool, Liegeflächen, Kinderbecken mit Rutsche und Strandbar. Im Sommer vor allem Tummelplatz für einheimische Familien, den Rest des Jahres liegt die Anlage recht verwaist da.

In fremden Betten

Persönlich und mit Stil

Casa da Capelinha: Restauriertes Gutshaus mit Weingarten, alter Weinpresse und Hauskapelle. Die einheimischen Besitzer bemühen sich sehr um ihre Gäste. Ein Studio und elf Apartments für Selbstversorger, dazu ein schickes Café-Restaurant.
Rua João Fidélio da Canha 24, T 291 86 00 40, www.casadacapelinha.com | €€

Satt & glücklich

Küche des Nordens

As Pedras: Hoch oben im Ort lädt das rustikale Restaurant zu madeirensischer Hausmannskost ein: »Fleisch nach Art der Großmutter«, Entenreis, Bohneneintopf *(feijoada)* und Kaninchen zählen zu den Spezialitäten des Hauses. Wochentags gibt es günstige Tagesgerichte.
Sítio dos Lameiros, T 926 44 91 78, Mo–Sa 10–20 Uhr | €

Termine

Serrada da Velha (dt. ›Zersägen der Alten‹): 3. Woche der Fastenzeit nachts von Mi auf Do. Das archaische Ritual geht auf die ersten Siedler zurück. Zum Winterende soll alles Überkommene zerstört und Platz für Neues geschaffen werden. Musik auf improvisierten Instrumenten, etwa Autohupen oder Blechbüchsen, begleitet die ›Prozession‹.
Festa do Senhor Bom Jesús: 1. So im Sept. Zu Ehren des ›Guten Herrn Jesus‹ findet eine der wichtigsten Wallfahrten der Insel statt. Das ganze Dorf schmückt sich mit Lorbeerbögen und Blumengirlanden.

›Haare‹ aus Stroh besitzt das Santana-Haus, und als Augen und Nase bilden Fenster und Tür das ›Gesicht‹.

Boaventura 🗺 F 3

Die abenteuerliche Klippenfahrt von Ponta Delgada nach Boaventura ist dank eines neuen Tunnels Geschichte. Was bleibt, ist ein Abstecher vom östlichen Tunnelausgang zum Miradouro do Bom Jesus mit Blick nach Ponta Delgada. Boaventura selbst liegt in einem weiten Hochtal. Unten am Meer gewährt der Miradouro São Cristóvão genialen Küstenblick.

In fremden Betten

Rustikale Note mit Stil

Solar de Boaventura: Im alten Gutshof (18. Jh.) befinden sich Bar und Restaurant, im neuen Anbau die komfortablen Zimmer. Schöner Garten.
Serrão Boaventura, T 291 86 08 88, www.solar-boaventura.com | €€

Satt & glücklich

Inseltypisch speisen

Portadas Bar: Authentischer geht es kaum. Einheimische Ausflügler halten hier, um *espetada* direkt vom Grill mit einer großen Portion Pommes Frites zu genießen. Für Fischesser gibt es gegrillte Lachssteaks. Zeit mitbringen!
Estrada Regional, Fajã do Penedo, T 962 66 27 02, Mi–So 8–23 Uhr | €€

Arco de São Jorge

🗺 F 3

Ein halbrunder, zum Meer hin offener Felskrater umgibt und schützt den Weinbauernort. In dieser ländlichen Idylle finden Menschen, die im Urlaub ihre Unabhängigkeit bewahren möchten, passende Unterkünfte.

Das einzige Rosarium Portugals

Ein Inselpräsident als Rosenzüchter? Auf dem Gelände des alten, ererbten Herrenhauses und jetzigen Landhotels **Quinta do Arco** (s.u.) trug Miguel Albuquerque 17 500 Rosenstöcke zusammen, die rund 1000 alten und modernen Sorten angehören. Seit dem Verkauf des Anwesens ist Hotelmogul Dionísio Pestana der Herr der Rosen. Zwischen Laubengängen überraschen

im **Jardim das Rosas** Details wie Puttenfiguren, ein Brunnen und Bänke zum Ausruhen. Unbedingt einen Blick wert ist auch der tropische Park der alten Quinta, durch den man in den Rosengarten gelangt.
Sítio da Lagoa, tgl. 10–18 Uhr, Jan.–März geschl., 8,50 €, Besichtigung nach Anmeldung an der Rezeption der Quinta do Arco

In fremden Betten

Unter Obstbäumen

Quinta do Arco: Die romantischen Bedienstetenhäuser des Weinguts werden mit komfortabler Ausstattung, alle individuell eingerichtet, an Gäste vermietet.
Sítio da Lagoa, T 291 57 02 50, www.pestana.com | €€

Bungalows in einem Garten

Quinta da Quebrada: Hübsche Ferienanlage mit kleinen Häusern für Selbstversorger, auf einem üppig bepflanzten Gelände. Mit Meerwasserpool.
Caminho Municipal da Furna, T 291 57 01 80, www.quintadaquebrada.com.pt | €

Satt & glücklich

Nach Omas Rezepten

O Arco: Im Ort eine feste Größe. Unten versorgt eine Bar Durchreisende mit Getränken. Ganz unerwartet dann oben ein geschmackvoll eingerichteter Speisesaal und als Clou eine Terrasse mit Atlantikblick. Das inseltypische Essen schmeckt wirklich hausgemacht.
Sítio da Enseada, T 291 57 81 49, tgl. 12–21.30 Uhr | €

In der Umgebung

Als Alternative zum Straßentunnel, der Arco de São Jorge Richtung Osten an das Schnellstraßennetz der Insel anschließt, empfiehlt sich die alte Landstraße. Unterwegs hält fast jedes Auto am **Miradouro da Beira da Quinta**, oft auch einfach **Cabanas** genannt nach dem dortigen Café. Der Aussichtspunkt liegt schwindelerregend an der Kante der Steilküste, hoch über dem Ort. Wer nicht schwindelfrei ist, freut sich über das Geländer. Gleich nebenan lädt am kleineren **Miradouro da Pipa** ein zur Sitzbank umfunktioniertes Weinfass zur Rast ein. Wanderer erreichen den Miradouro über einen Weg, der in Arco de São Jorge bei einer Infotafel an der Hauptstraße beginnt. Großenteils alten Saumpfaden folgend steigt er stetig an. Unterwegs ergeben sich Ausblicke aufs Meer und Einblicke in ein gut erhaltenes Stück Lorbeerwald (mittelschwer, pro Strecke 40 Min.).

São Jorge 🕮 G 3

Individualreisende, die abseits des Touristenrummels das Besondere suchen, entdecken jetzt das noch sehr authentische Dorf. Es liegt nicht nur landschaftlich reizvoll und wird von der Tunnelschnellstraße nur peripher berührt, sondern hält auch einiges Sehenswertes bereit.

Die **Strohhäuser** haben kleine Verwandte, die *palheiros* (Strohschober). Überall glitzern ihre Dächer, heute meist aus pflegeleichtem Wellblech, zwischen den Feldern. In den fensterlosen Hütten steht das Milchvieh: ein, zwei Kühe, manchmal Ziegen. Kaum einmal kommen die Tiere ans Tageslicht. Mit Sicheln schneiden die Landwirte Gras und anderes Grünzeug an Straßen- und Wegrändern ab, um die schwere Last dann – zu Bündeln verschnürt – zum Stall zu schleppen. Ein seltener Anblick ist dies allerdings geworden. Wer es sich leisten kann, kauft heute Futter beim Großhändler.

Sommersitz des Bischofs

Der Bischof von Funchal verbringt den Sommer in São Jorge. Sein Palast versteckt sich hinter hohen Mauern und ehrwürdigem Baumbestand. Selbstredend ist er nicht zu besichtigen, wohl aber die benachbarte **Igreja de São Jorge** (Largo da Igreja, tgl. geöffnet). Von außen wirkt diese eher schlicht, innen entpuppt sie sich als Schatzkästlein des Barockstils, prunkvoll mit goldenen Altären bestückt. Schließlich liest der Bischof zuweilen hier die Messe, also wird einiger Aufwand getrieben, auch was den Blumenschmuck zu verschiedensten Anlässen betrifft.

Ausguck der Walfänger

Schilder weisen zum exponiert über der Steilküste gelegenen **Miradouro da Vigia**. In früheren Jahrhunderten hielt hier ein Wachposten nach Piratenschiffen Ausschau. Später richteten die Waljäger aus Caniçal einen Ausguck ein. Die Walsichtung von Land aus ist nach wie vor möglich, allerdings braucht es dazu ein gutes Fernglas und sehr, sehr viel Geduld.

Das Landleben von früher

Wie in alten Zeiten werden im **Moinho a Água** (Estrada da Achadinha, tgl. 10–18 Uhr, Eintritt frei, Spende erwünscht) wieder Weizen und Mais gemahlen. Das Mehl verkauft der Müller ebenso wie seine selbst gebackenen Kekse. Etwa 200 m die Straße hinauf zersägte eine weitere Wassermühle, die rund 300 Jahre alte **Serragem a Água,** bis vor wenigen Jahren Baumstämme in grobe Bretter. Inzwischen ist sie stillgelegt.

In fremden Betten

Zeitgemäß im Landhaus wohnen

Casa das Proteas: Neun Zimmer in einem dunklen Natursteinhaus mit Nebengebäude, dazu ein weiter Blick über den Atlantik. Ein Pool mit Liegefläche, ein Aufenthaltsraum und eine Bar bieten Komfort.

Sítio da Felpa, T 291 52 08 68, https://casadasproteas.com | €

Satt & glücklich

Der beste Blick

Cabo Aéreo Café: Einfaches, unkompliziertes Lokal mit Aussichtsterrasse über der Steilküste und schmackhafter Grillküche. Hausspezialitäten sind *espetada* (Rindfleischspieß) und Brathähnchen. Danach schmeckt ein Apfelkuchen.

Miradouro do Cabo Aéreo, T 291 57 52 09, Mo/Di u. Do–Sa 10–20, Mi 10–17, So 10–18 Uhr | €€

In der Umgebung

Am alten Hafen

In die Mündung einer gewaltigen Schlucht zwängt sich **Calhau**. Die einstige Hafensiedlung von São Jorge besteht aus Ruinen und ein paar Wochenendhäusern. Nebenan zählt die **Piscina** (Eintritt frei, Liegenverleih gegen Gebühr; mit Restaurant) zu den schönsten Badeplätzen in Madeiras Norden. Der Einstieg in eine Meereslagune garantiert ein außergewöhnliches Badeerlebnis.
Am Calhau mussten Fischer und Schiffer ihre Boote früher zum Schutz vor den Wellen auf den Kiesstrand ziehen.
Weiter westlich gab es im Schutz einer Felsbucht aber auch einen richtigen Hafen, den **Cais** mit einer heute halb verfallenen Mole. Dorthin führt ein abschnittsweise schmaler Fußweg entlang der Steilküste (20 Min.).
Die letzten Meter über eine abenteuerliche, jeden Winter unweigerlich von der Brandung zerstörte Holzbrücke sind aus Sicherheitsgründen nicht zu empfehlen, auch wenn einheimische Angler sich hinüberwagen. Stattdessen können Sie auf einem steilen Pflasterweg, der kurz zuvor links abzweigt, zu einer 200 m höher gelegenen Straße aufsteigen. Auf dieser sind es links nur ein paar Schritte bis zum **Miradouro do Cabo Aéreo**, einem Aussichtspunkt mit Picknicktischen und Ausflugslokal (s.o.). Von dort führen steile Serpentinen wieder zum Calhau hinunter (als Rundweg ab/bis Calhau 1,5 Std., mittelschwer).

Leinen auf traditionelle Weise herzustellen ist aufwändig, das Kämmen bereitet die Fasern zum Spinnen vor. Den Frauen in Santana sichert die textile Kunst ein bescheidenes Einkommen.

Santana H 3

Bunte Strohhäuser sind das Markenzeichen des Bauerndorfs. Santana eignet sich aber auch als Standort für Wanderer, für Touren am Nordabhang des Inselgebirges. Die UNESCO erklärte das gesamte Gemeindegebiet zum Biosphärenreservat, in dem ländliche Traditionen im Einklang mit der Natur bewahrt bleiben sollen. Ein Denkmal links neben der Kirche, im kleinen Jardim Santana Madeira Biosfera, erinnert an die Ernennung.

Strohhäuser wie bei Asterix

Die etwa 100 in Santana noch erhaltenen **Casas de Colmo**, spitzgiebelige Häuser mit Strohdach, stehen unter Denkmalschutz. Diesen nehmen die Besitzer nicht immer ganz ernst. Daher hat die Gemeinde einige herausgeputzte Exemplare neben das **Rathaus** an der Durchgangsstraße gesetzt. Sie beherbergen Kunsthandwerksgeschäfte und das örtliche Touristenbüro. Rund um das Rathaus lädt der kleine, gepflegte **Stadtpark** zum Begutachten der exotischen Bepflanzung ein. Täglich findet ein Bauernmarkt statt. Vor dem Restaurant **O Colmo** steht ein weiteres, besonders sehenswertes Museumshaus mit Originalmobiliar.

In fremden Betten

Auf einem alten Weingut

Quinta do Furão: Das Landhaushotel mit Sauna, Innen- und Außenpool steht hoch über den Klippen zwischen eigenen Weinbergen. Wer nicht hier wohnt, kann dennoch die Aussicht vom Küstenpfad und den üppig blühenden Garten bei der historischen Weinpresse genießen oder im Ausflugsrestaurant einkehren.
Achada do Gramacho, T 291 57 01 00, www.quintadofurao.com | €€€

Satt & glücklich

Madeirensisches Wild

Cantinho da Serra: Kenner kommen aus allen Inselecken her, um sich mit geschmortem Kaninchen oder Zicklein (beachtliche Portionen) verwöhnen zu lassen. Am Sonntag unbedingt reservieren!
Estrada do Pico das Pedras 57 (ER 218 Richtung Pico Ruivo, Km 2), T 291 57 37 27, tgl. 12–22 Uhr | €€

Ein Park im Urwald – Queimadas

Enten schnattern auf schattigen Teichen. Rhododendronbäume überragen zwei, drei strohgedeckte Häuser. Knorrige Holzgeländer säumen schmale Wege, zwischen saftigem Grün leuchten exotische Blüten. Nahtlos geht der Waldgarten in den Lorbeerdschungel über.

Das harte Laub des Rhododendrons erzeugt ein herbstliches Muster auf dem moosüberzogenen Pflasterweg.

Von seiner schönsten Seite zeigt sich **Queimadas** 1 um die Osterzeit, wenn Azaleen und Rhododendren ihr Blütenkleid entfalten. Im Sommer blühen Margaritenbüsche. Oft ist es hier in 900 m Höhe neblig und immer ein paar Grad kühler als unten an der Küste. Das strohgedeckte Haupthaus diente im frühen 20. Jh. als Unterkunft für die ersten Wandertouristen auf Madeira und ist derzeit geschlossen. Nebenan bietet sich in einem kleineren Häuschen, ebenfalls mit Strohdach, eine originelle Cafeteria zur Einkehr an. Im Park können Sie nach Belieben herumspazieren, alle Wege verlieren sich früher oder später in den angrenzenden Wäldern.

Uriges Borstenvieh

Bei einem **Ententeich** führt über eine Holzbrücke ein breiter Weg zu flechtenbehangenen Apfelbäumen hinunter und weiter zu einem einsamen, kleineren Strohhaus. Dort links abbiegend gelangen Sie zu einem spannenden Schweinestall. Das hier untergebrachte Borstenvieh gehört einer sehr ursprünglichen, winzigen Rasse an, die von den ersten Siedlern im 15. Jh. in den Wäldern Madeiras ausgesetzt wurden. Der traditionelle Weihnachtsbraten wird aus ihrem Fleisch zubereitet. In freier Wildbahn sind diese sehr unterschiedlich gefärbten, teils gefleckten Schweine mittlerweile nur noch selten anzutreffen, die Forstbehörde bemüht sich aber um ihre Erhaltung und Zucht.

Zwanglose Begegnungen mit Einheimischen ergeben sich am Wochenende. Etwa auf dem Picknickplatz am **Forsthaus Pico das Pedras** 2. Ganze Familien grillen dann den unvermeidlichen *espetada* (Fleischspieß), trinken roten Landwein und verbringen den Tag mit Unterhaltungen und Kartenspiel.

Spazieren oder wandern?

Um sich ein wenig die Beine zu vertreten und Parkgebühren zu sparen, ist der breite, ebene und von Geländern gesäumte Waldweg »Um caminho para todos« (Ein Weg für alle) ideal. Er führt in 30 Minuten vom **Forsthaus Pico das Pedras** 2 entlang der Levada do Caldeirão Verde nach Queimadas. Allerdings aufpassen bei Nässe, dann wird der Lehmboden rutschig. Nach starkem Regen bilden sich gar schlammige Pfützen. Am Parkplatz unterhalb des Forsthauses bei den Spitzgiebelhäusern einer geschlossenen kleinen Ferienanlage geht es los. Hortensien, Montbretien und Akazien säumen die Route. Immer tiefer dringen Sie in den Lorbeerwald ein. Eine Brücke überspannt einen reißenden Wildbach. Dann ist der Park von Queimadas erreicht.

Wenn Ihnen das nicht genügt, folgen Sie der Levada einfach weiter bis zu deren Ursprung. Allerdings wird dann eine richtige Wanderung daraus, ausgeschildert ab Queimadas als **PR 9** (mit Rückweg ab Queimadas 4 Std., ab Forsthaus Pico das Pedras 5 Std., mittelschwer). Der schmale, aber mit Geländern gesicherte Weg beginnt am Ostrand des Parks am Ententeich. Eine Wandertafel am Zugang nach Queimadas zeigt den genauen Verlauf (aktuelle Weginfos unter www.visitmadeira.com). Unterwegs eröffnen sich schwindelerregende Ausblicke in unzugängliche Schluchten. Vier Tunnel sind zu durchqueren, ohne Taschenlampe läuft hier nichts. Schließlich liegt links der **Caldeirão Verde** 3. Ein hoher Wasserfall ergießt sich in den ›grünen Kessel‹, an dessen Steilwänden Moos und Farne wuchern. Nach einer Rast geht es auf derselben Route zurück.

INFOS

Anfahrt: Keine Busverbindung. Ab Santana schmale Stichstraße nach Queimadas (Parkplatz, pro Tag ca. 5 €). Oder auf der ER 218 Richtung Pico Ruivo bis Pico das Pedras (Parkplatz in der Stichstraße unterhalb des Forsthauses, gebührenfrei) und zu Fuß (hin/zurück 1 Std.) nach Queimadas.

KULINARISCHES FÜR ZWISCHENDRIN

In der **Cafeteria** von Queimadas bekommt man Getränke und Kuchen über den Tresen gereicht und setzt sich damit an die rustikalen Tische im Freien.

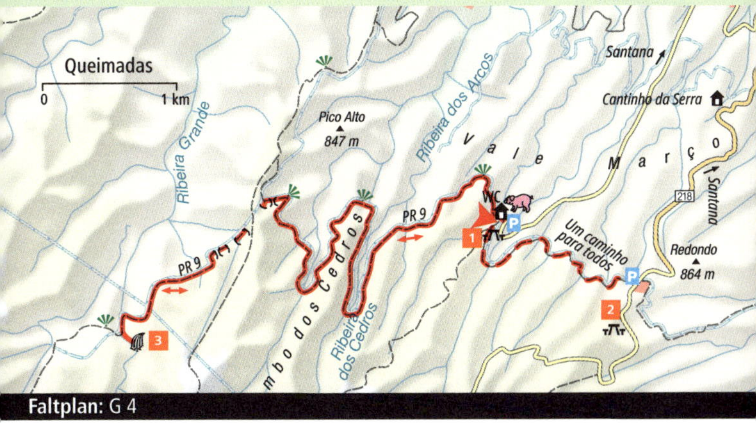

Faltplan: G 4

Den Gipfel stürmen – auf den Pico Ruivo

Die Aussicht von Madeiras mit 1861 m höchstem Punkt ist nicht nur Bergsteigern vergönnt. Auch Gelegenheitswanderern bereitet er keine Probleme. Brechen Sie früh am Morgen auf, dann stehen die Chancen auf einen wolkenfreien Panoramablick am besten.

Am Wegrand sprießen wertvolle Pflanzenarten. So das paradoxerweise gelbe Madeira-Veilchen. Nicht nur wegen seiner speziellen Gebirgsflora steht das Bergland oberhalb von 1300 m im Rahmen des Naturparks Madeira unter Schutz. In den Felsen brütet der Madeira-Sturmvogel und lässt nach Einbruch der Dunkelheit seine seltsamen Gesänge hören. Um ihn nicht zu stören, ist das Betreten des Gipfelbereichs bei Nacht in eigener Regie nicht erlaubt, wohl aber im Rahmen einer Führung (Infos: www.madeira windbirds.com).

Zwei Wege führen zum Ziel. Der bequemere Aufstieg beginnt an der **Achada do Teixeira** 1. Wenn Sie dort bei gleißendem Sonnenlicht aus dem Auto aussteigen, ist alles gut. Liegt dicker Nebel über der Landschaft, gießt es wie aus Kannen oder schneit es gar, ist es besser, das Unterfangen zu verschieben. Gleiches gilt für den längeren Weg, der vom Pico do Arieiro herüberführt. Er erschließt eine bizarre Bergwelt, ist aber mit größeren Mühen verbunden.

Für Genusswanderer

Von der Achada do Teixeira führt der breit ausgebaute **PR 1.2** (mit Rückweg 2 Std., einfach bis mittelschwer) unverfehlbar knapp 400 Höhenmeter hinauf, an zwei kleinen Schutzhütten und einer bewirtschafteten größeren Berghütte vorbei. Von der Gipfelplattform des **Pico Ruivo** 2 schweift der Blick über den gesamten Inselnorden.

Zurück an der Achada do Teixeira drängt sich der kurze Abstecher zu zwei seltsamen Basaltfelsen geradezu auf, rechts an der dortigen Berghütte **Mountain Spot Café** 3 vorbei. Die **Cara** 3 (Gesicht) wirkt von Süden wie ein Menschenkopf im Profil. Weiter links und tiefer am Hang erhebt sich der **Homem em Pé** 4 (Stehender Mann), ein steinerner Riese, der den Berg erklimmt.

Der Panoramaweg

Noch spektakulärer ist der Anmarsch über den Gipfelweg **PR 1** (4–5 Std., anspruchsvoll) ausgehend vom **Pico do Arieiro** 5 (1818 m). Bis zum **Miradouro do Ninho da Manta** 6 mit seinen weitreichenden Einblicken in die zerklüftete Bergregion und hinab ins dicht bewaldete Tal von **Fajã**

da Nogueira wirkt alles noch recht harmlos. Eine Tafel informiert über den hier heimischen, seltenen Madeira-Sturmvogel *(freira)*. Wer jetzt umgekehrt, ist nach 45 Min. am Parkplatz zurück. Vom Miradouro an wird die Tour heftig, obwohl der Weg gut in Schuss und an schwindelerregenden Stellen mit Drahtseilen gesichert ist. Bald führen steile Felstreppen abwärts durch einen Tunnel unter dem **Pico do Gato** 7 und zu einer kaum noch kenntlichen, stark zugewachsenen Gabelung. Bis vor ein paar Jahren konnte man hier nach rechts einen Weg einschlagen, der über die Flanke des mit 1851 m zweihöchsten Gipfels Madeiras, des **Pico das Torres** 8, verlief und mit der Hauptroute später wieder zusammentraf. Dieser ist jedoch dauerhaft gesperrt. So bleibt man also auf der Hauptroute, die zunächst ohne große Höhenunterschiede durch einen zweiten Tunnel unter dem Pico das Torres hindurchführt. Dann aber zerstörte ein Erdrutsch den weiteren Weg. Die abenteuerliche Umleitung über Leitern und steile Treppen erfordert Erfahrung und Trittsicherheit. Schließlich mündet der PR 1 nach einem Serpentinenanstieg in den PR 1.2 und an der Berghütte vorbei geht es zum Gipfel des Pico Ruivo.

Die breiten Schwingen der Sturmvögel sind wieder öfter über Madeiras Bergen zu sehen.

INFOS

Anfahrt: Kein Linienbusanschluss. Zufahrt zur Achada do Teixeira nur zwischen 7 und 19, im Sommer 21 Uhr. Zum Parken und zur Maut ab 2025 am Pico do Arieiro ▸ S. 55. Wer den gesamten Panoramaweg oneway in Eigenregie laufen möchte, kann über www.getyourguide.de einen Bustransfer zum Pico do Arieiro mit späterer Abholung an der Achada do Teixeira buchen (ab 32 €/Pers.).

KULINARISCHES FÜR ZWISCHENDRIN

Wanderer können sich in der Berghütte **Casa de Abrigo Pico Ruivo** ❶, der Gipfelbar **Boutique do Areeiro** (sic!) ❷ und im **Mountain Spot Café** ❸ an der Achada do Teixeira stärken.

Faltplan: G 4

ℹ Infos und Termine
Posto de Turismo: Rua do Sacristão (in einem Strohhaus beim Rathaus), T 291 57 32 26, www.cm-santana.com, Mo–Fr 10–13, 14–17.30, Sa 10–12.30 Uhr
Festival Regional de Folclore – ›24 horas a bailar‹: erstes Wochenende im Juli. An drei Tagen tanzen Folkloregruppen auf einer reich geschmückten Bühne beim Rathaus, es herrscht Volksfestatmosphäre.

IN DER UMGEBUNG

Die Seilbahnfahrt zur Küstenebene **Rocha do Navio** hinab dauert drei Minuten und führt haarscharf an Wasserfällen und steilen Felsen vorbei. Bei Redaktionsschluss (Frühjahr 2024) war sie allerdings nur für die einheimischen Landwirte in Betrieb, nicht aber für Touristen. Was bleibt, ist ein steiler, anspruchsvoller Pfad, der parallel zum Teleférico in 45 Min. hinunterführt. Unten wachsen hinter einem Kiesstrand Weinreben. Der schmale Uferstreifen steht mitsamt dem Meeresboden bis in eine Wassertiefe von 100 m unter Naturschutz.

Faial

🕮 H 3/4

Die Landwirte von Faial produzieren exotische Früchte für den Markt in Funchal: Cherimoyas (anonas), Avocados, Loquats. Aber nicht in großen Plantagen. Jede Familie kultiviert nur ein paar Obstbäume im Hausgarten. Als Wahrzeichen ragt am Ortsrand der Penha de Águia (›Adlerfelsen‹, 590 m) auf. Früher holten die Bewohner von dem Felsklotz ihr Brennholz, ansonsten nisteten dort Fischadler. Unweit der alten Landstraße ER 101-1 nach Santana wurden im frei zugänglichen Fortím während des 18. Jh. Bronzekanonen zur Abwehr von Piraten in Stellung gebracht. Die kleine Schanze ist ein prima Aussichtspunkt.

An der Flussmündung

Unten an der breiten Mündung der Ribeira do Faial liegt der **Complexo Balnear** (Eintritt frei). An der vor Wellen geschützten Badelagune öffnen im Sommer Liegestuhlverleih, Duschen, Umkleidekabinen und Cafeteria.

Die Akazienblüte im Frühjahr ist schon legendär, hier vor der Kulisse des klotzigen Adlerfelsen gesehen vom Aussichtspunkt am Portela-Pass.

Satt & glücklich

In einer Grotte speisen
Grutas Peter's: In einer Vulkanhöhle oder auf der Terrasse werden regionale Gerichte aufgetischt, z.B. *feijoada* (Bohneneintopf) oder *sopa de trigo* (Weizensuppe).
ER 101 Richtung Funchal, T 291 57 25 41, tgl. 10–23 Uhr | €€

Zwischen subtropischen Pflanzen
A Chave: Das familiengeführte Restaurant neben der Kirche, etwas abseits der Hauptstraße, wird leicht übersehen. Auf der Terrasse sitzen Sie idyllisch mit Blick auf den gepflegten Garten und dahinter weit übers Meer. Gute regionale Küche.
Sítio da Igreja, T 291 57 32 62, Mo 9–17, Di–So 9–21 Uhr | €€

Porto da Cruz 🗺 J 4

Zuckerrohr wogt im Wind. In den Weingärten kriechen Reben der Sorte Isabella am Boden, die einen recht eigenwilligen Tropfen ergeben. Über dem Meer flimmert die Luft. Oft rollen gigantische Wellen an. Eine Landzunge trennt zwei Strände: links die Praia da Lagoa mit sommerlichem Badebetrieb, recht der exponiertere Dorfstrand mit Meerwasserpool. Wenn Sie um die Felsspitze schlendern, treffen Sie auf den kleinen, in die Klippen geschlagenen Hafen mit ein paar Fischerbooten.

Im Zeichen des Zuckerrohrs
Aus dem Schornstein der **Engenhos do Norte** (Rua do Cais, Mo–Fr 9–18, Sa/So 10–17 Uhr, Eintritt frei) qualmt es nur während der Erntezeit, von April bis Mitte Juni. Dann verarbeitet die museale Fabrik an der Westseite der Landzunge das Zuckerrohr. Ganzjährig möglich ist ein Blick in den Maschinenraum mit den über 100 Jahre alten Walzen, die das Rohr zerquetschen. Der Geruch nach Alkohol und alten Holzfässern liegt in der Luft. Nebenan schenkt eine Probierstube die hier produzierten Rumspezialiäten aus.

In fremden Betten

An der Promenade
Vila Bela: In dem familiär geführten kleinen Hotel spürt man das aufkeimende Surferambiente im Ort. Inhaber Rodolfo erteilt Unterricht in Wellenreiten und SUP. Am besten ein Zimmer ganz oben im Haus geben lassen, egal ob Meer- oder Bergblick. Unten auf der Terrasse spielt sich das Leben ab, wird gespeist und geklönt.
Rua da Praia 23, T 291 56 33 81, www.vila-bela.com | €

Modern und ausgeruht
Costa Linda: Kleines Hotel oberhalb der Promenade in einem Neubau ohne besonderen Charme, dafür sauber und praktisch. Mit einem Zimmer mit Balkon und Meerblick steht dem Wohlfühlen für ein paar Tage nichts im Wege.
Rua Dr. João Abel de Freitas, T 291 56 00 80, www.costa-linda.net | €

Satt & glücklich

Regionales an der Promenade
Praça do Engenho: Schattiger Patio und luftige Tische hinter der Küstenpromenade. Die Küche bietet einheimische Gerichte mit einem gewissen Anspruch.
Rua da Praia 3, T 291 56 00 80, tgl. 8–22.30 Uhr | €€

Termine
Festa da Uva e do Agricultor: meist erstes Septemberwochenende. Höhepunkt des Weintraubenfests ist der farbenfrohe Umzug mit Folkloregruppen und den letzten *borracheiros*, Männern, die früher den Most in Ziegenlederschläuchen nach Funchal trugen. Stände verkaufen die kleinen roten Weintrauben von Porto da Cruz und schenken den daraus gekelterten, eher herben *vinho seco* aus.

Die kleinen Inseln

Welch ein Kontrast: Porto Santo hat nur eine Handvoll Bewohner, dafür aber jede Menge Windmühlen, karge Landschaft und einen traumhaften, langen und hellsandigen Strand, wie ihn die große Schwesterinsel Madeira nicht aufweisen kann. Mit den Ilhas Desertas gehören noch drei kleine, unbewohnte Inseln zum Archipel. Sie sind Rückzugsorte der letzten Mönchsrobben. Der Zugang ist aus Naturschutzgründen eingeschränkt. Umso spannender eine Bootsfahrt dorthin, die auch Chancen auf Sichtung von Walen und Delfinen mit sich bringt.

Porto Santo Karte 2

Madeiras Nachbarinsel misst an der längsten Stelle gerade einmal 11 km, besitzt aber mit der 8 km langen, gelbsandigen Praia do Porto Santo ein gewaltiges Kapital. Für die Madeirenser in den Sommerferien Urlaubsziel Nummer eins! Ausländische Besucher entdecken Porto Santo in der ruhigeren Nebensaison. Obwohl sich am Strand einige größere Hotels verteilen, gibt es noch zahlreiche stille, natürliche Abschnitte. Madeira-Urlauber machen zuweilen eine ›Tageskreuzfahrt‹ nach Porto Santo. Wer einen mehrtägigen Aufenthalt nimmt, kann sich ein wenig wie Robinson fühlen.

WAS TUN AUF PORTO SANTO?

Vila Baleira erkunden

In der kleinen Hauptstadt leben gut die Hälfte der 5500 Inselbewohner. Außerhalb der Sommerferien geht es ausgesprochen ruhig zu. Es kann Ihnen durchaus passieren, dass Sie auf der Straße von Einheimischen angesprochen werden, die sich interessiert nach Ihrem Woher und Wohin erkundigen. Bevor der moderne Fähr- und Jachthafen gebaut wurde, machten ankommende Schiffe am **Cais Velho** 1 fest, einer steinernen Mole unmittelbar vor der Stadt. Seitlich in einem Park erinnert dort der hohe Gedenkstein **Padrão das Descobertas** 2 an die portugiesischen Entdeckungsfahrer. Die Inselbewohner nennen den kantigen Klotz scherzhaft »ein Stück Seife«. Eine Palmenallee strebt vom Kai dem Stadtzentrum entgegen.

Um den **Largo do Pelourinho** 3 stehen die wichtigsten historischen Gebäude. An erhöhter Stelle beherrscht die **Casa da Câmara Antiga** 4 den Platz. Das ehemalige Rathaus (16. Jh.) mit der eleganten Renaissance-Zwillingstreppe vermittelt koloniales Flair. Rechts daneben die **Igreja Nossa Senhora da Piedade** 5 wurde schon 1430, also nur etwa ein Jahrzehnt nach Ankunft der ersten Siedler, gegründet. Piraten zerstörten sie wiederholt, zuletzt noch 1667.

Strandleben genießen

An den Cais Velho grenzt westlich der gut erschlossene Strandabschnitt **Praia da Fontinha** 6. Dieser geht am Stadtrand in einen kilometerlangen, von flachen Dünen gesäumten Naturstrand über, unterbrochen nur von drei kleinen Feriensiedlungen: Campo de Baixo, Cabeço, Ponta. Ganz im Westen an der **Ponta da Calheta** liegt ein weiterer, beliebter Badeplatz, umgeben von reizvoller Landschaft und mit Blick auf die Felsinsel **Ilhéu de Baixo**.

Im Gegensatz zu den hellen Stränden von Machico und Calheta auf Madeira ist die Praia do Porto Santo natürlichen Ursprungs. Wellen spülten über Jahrtau-

Den Spitznamen ›Profetas‹ haben sich die Bewohner Porto Santos redlich verdient. Im 16. Jh. hielt sich ein einsam lebender Hirte für einen Propheten des Heiligen Geistes. Eines Nachts kam er ins Dorf, weckte die Menschen mit einer Glocke und enthüllte hellsichtig ihre geheimen Sünden. Barbarische Szenen sollen sich daraufhin ereignet haben. Drei Männer flüchteten nach Madeira und informierten die königlichen Behörden, die den Hirten und seine ebenfalls beteiligte Nichte in Portugal vor Gericht zerrten. Zur Strafe wurden beide vor die Kathedrale von Évora verbannt, mit einem Schild in der Hand, auf dem stand: »Profetas do Porto Santo«, dem Spott der Kirchgänger ausgesetzt. Für die Madeirenser sind seither alle Portosantenser Propheten.

sende hinweg einen Mix aus zerbrochenen Muschel- und Schneckenschalen und fein zerriebenem Vulkangestein an die flache Küste.

Eine Inselrundfahrt machen

Taxifahrer und der Touristenbus kurven zunächt zum **Pico do Castelo** (437 m) mit dem besten Inselüberblick hinauf. Eine Kanone an der Aussichtsterrasse erinnert an die Piratenüberfälle, die der Bevölkerung immer wieder zu schaffen machten. Im Angriffsfall bot der ›Burgberg‹ Schutz, da nach allen Seiten gut zu verteidigen.

Heute ist der Pico do Castelo wieder dicht bewaldet. Sein ursprüngliches, macchienähnliches Pflanzenkleid rodeten schon die ersten Siedler. Stattdessen bauten sie Getreide an als Proviant für die Karavellen der Entdeckungsfahrer, die auf der Weiterfahrt Afrika, Asien und Brasilien erkundeten. Durch die übermäßige Nutzung von Boden und Wasser verödete die Insel, bevor im 20. Jh. mit der Wiederaufforstung begonnen wurde.

Unterhalb des Winzerortes **Camacha** am Meer liegt der **Porto das Salemas.** Von einem Hafen kann kaum die Rede sein, jedenfalls heute nicht mehr. Dafür nutzen Sonnenbadende im Sommer die kleinen hellen Sandflecken zwischen feinem und gröberem Kies, um ihre Strandlaken auszubreiten. Man erfrischt sich in Gezeitentümpeln, eine Felsbarriere hält die Brandung fern.

Beim Umrunden des höchsten Inselgipfels **Pico do Facho** (517 m) treffen Sie auf verlassene Bauernhöfe und verödete Feldterrassen. Die Landwirtschaft lohnt nicht mehr. Geblieben sind drei Windmühlen am **Miradouro da Portela** als Zeugen für den früheren Getreideanbau. Von dem luftigen Aussichtspunkt blicken Sie über den langen Sandstrand.

Sehenswert
1 Cais Velho
2 Padrão das Descobertas
3 Largo do Pelourinho
4 Casa da Câmara Antiga
5 Igreja Nossa Senhora da Piedade
6 Praia da Fontinha
7 Casa Colombo
8 Estátua de Cristóvão Colombo

In fremden Betten
1 Praia Dourada
2 Theresia's

Satt & glücklich
1 Mercado Velho
2 Ponta da Calheta
3 Adega das Levadas

Stöbern & entdecken
1 Centro de Artesanato

Sport & Aktivitäten
1 Colombo

VILA BALEIRA

Kolumbus entdecken – **Spurensuche auf Porto Santo**

Auf den genuesischen Abenteurer sind die Bewohner der kleinen Insel besonders stolz. Cristóvão Colombo, wie sie ihn nennen, heiratete 1478 die Tochter des ersten Lehnsherren von Porto Santo. Ein oder zwei Jahre lebte er in Vila Baleira, im Haus seines Schwiegervaters.

INFOS/ÖFFNUNGSZEITEN

Casa Colombo 7: Travessa da Sacristia 2/4, Mo–Sa 10–12.30, 14–17.30, So 10–13 Uhr, Okt.–Juni Di geschl., 2 €

KULINARISCHES FÜR ZWISCHENDRIN

Mal eine Adresse wirklich für den kleinen Geldbeutel, und eine gar nicht schlechte: Die Locals schauen auch gerne noch etwas später am Abend auf ein Weinchen oder ein Glas *poncha* in diesem auf den ersten Blick unscheinbaren Kneipenrestaurant im **Mercado Velho** 1 vorbei. Am Freitag/Samstag wird oft etwas Besonderes gekocht, etwa *sopa do campo,* ein deftige Gemüsesuppe mit Speck (Rua João Gonçalves Zarco 1, T 291 98 42 05, Mo–Do 10–24, Fr/Sa 10–1 Uhr, So geschl., €).

In einer Gasse hinter der Kirche versteckt sich das Kolumbus-Haus. Oder besser gesagt zwei Häuser. In welchem der beiden der Entdecker gewohnt hat, bleibt ungeklärt. Egal, die beiden bilden ein hübsches Ensemble und zugleich ein lehrreiches Museum der Entdeckungsfahrer. Der Komplex, heute als **Casa Colombo** 7 zugänglich, wurde im 18./19. Jh. zudem so umgebaut, dass von Originalzustand keine Rede sein kann.

Doch noch alte Gemäuer?

Immerhin stammt die Nordwand des Haupthauses, eine Natursteinmauer mit zwei von Backstein gerahmten, mittelalterlich anmutenden Fenstern, wohl aus dem 16. Jh. Von zwei Kornspeichern, die im Erdgeschoss in den Boden eingelassen sind, heißt es sogar, sie hätten schon zu Kolumbus' Zeiten existiert. Erdlöcher wie diese ersetzten auf Porto Santo früher den Keller. Zur Isolierung wurden sie mit Stroh und Steinen abgedeckt, heute blicken Sie durch eine Glasplatte in einen hinab.

Im Obergeschoss widmet sich eine Ausstellung den spanischen und portugiesischen Entdeckungsfahrten und der Fracht der niederländischen Galeone Sloot Ter Hooge. Das Schiff war 1724 im Auftrag der Niederländischen Ostindien-Kompanie nach Batavia unterwegs, der heutigen indonesischen Hauptstadt auf Java. Zwischen Portugal und Madeira geriet es in einen Sturm und sank vor der felsigen Nordküste Porto Santos mit Münzen und wertvollen Waren aus dem Orient an Bord. Nur 33 der 254 Besatzungsmitglieder und Passagiere überlebten das Unglück.

Als lebensgroße Figuren in Gewändern der Zeit bewohnen Kolumbus, seine Gattin Filipa und Sohn Diego anschaulich das zweite, kleinere Haus. Vielleicht fußt dieses Gebäude auf den Fundamenten der ursprünglichen Casa Colombo.

Das Rätsel der Kolumbusbohne

Auf Porto Santo reifte in Kolumbus der Plan für seine spätere Atlantiküberquerung. Der todkranke Steuermann eines gestrandeten Schiffes, den er in sein Haus aufgenommen hatte, erzählte ihm auf dem Sterbebett von einer Insel jenseits des Ozeans. Niemand der restlichen Mannschaft überlebte, um diese Geschichte bestätigen zu können. Regelmäßig suchte Kolumbus daraufhin nach Strandgut, das ihm Hinweise auf Land hinter dem westlichen Horizont geben konnte. So fand er auch die berühmten ›Kolumbusbohnen‹, Samen einer tropischen Liane, die – wie heute bekannt ist – tatsächlich aus der Karibik stammen.

Was läge näher, als im Anschluss an den Museumsbesuch auch zum Strand zu schlendern? Vielleicht finden Sie dort nicht die Kolumbusbohnen, mit Sicherheit aber auf dem Weg dorthin die **Estátua de Cristóvão Colombo** 8. Die Palmenallee im Rücken, blickt die Bronzebüste des Entdeckers mit scharf geschnittenen Gesichtszügen und wallendem Haar versonnen in die Ferne.

Sie können Christoph Kolumbus live begegnen. Vorausgesetzt, es verschlägt Sie Mitte September nach Porto Santo. Höhepunkt des viertägigen Festival Colombo ist am ersten Abend die ›Ankunft‹ des Entdeckers mit dem Nachbau der Santa Maria (► S. 46). Vom Cais in Vila Baleira zieht er mit seinem zünftig kostümierten Gefolge durch die Straßen. Am vierten Tag um Mitternacht steht die ›Rückfahrt‹ nach Madeira auf dem Programm. Zwischendurch gibt es Kostümaufführungen, Konzerte und einen authentischen Mittelaltermarkt.

Beim Kolumbus-Festival geht die Post ab. Verwegene Gestalten in den bunten Kostümen der Entdeckungsfahrer kreiseln abends bei Feuerschein tanzend durch die begeisterte Menge.

Faltplan: Karte 2, L 2 | **Cityplan:** S. 103

In fremden Betten

Der zentrale Klassiker
Praia Dourada 1

In dem landestypischen 3-Sterne-Hotel mitten im Ort steigen auch viele Portugiesen ab. Zum Strand sind es rund 500 m.

Rua Estevão Alencastre, T 291 98 04 80, www.portosantohotels.com | €

Wunderschön am Strand
Theresia's 2

Sehr persönlich gestaltete Unterkunft in den Dünen mit unmittelbarem Strandzugang. Sechs geschmackvoll eingerichtete Zimmer. Ohne Frühstück, aber Küche und Ess-/Wohnzimmer stehen allen Gästen ebenso zur Verfügung wie Terrasse und Garten.

Campo de Baixo, Rua Juvenal Ferreira da Câmara 12, T 969 98 55 40, www.theresias.pt | €

Satt & glücklich

Fischlokal mit gutem Ruf
O Calhetas 2

Am westlichen Ende des Strandes punktet das Lokal mit frischem Seafood und einer großartigen Meeresterrasse. Bei gutem Wetter erscheint Madeira am Horizont.

Ponta da Calheta, T 291 98 53 22, tgl. 10–23 Uhr | €€

Auf dem Bauernhof
Adega das Levadas 3

Familiengeführtes Landgasthaus mit eigenem Wein. Auch das Gemüse stammt oft direkt vom Hof, Brot wird selbst gebacken. Der Wirt holt Gäste am Hotel ab.

Miradouro das Flores, T 291 98 25 57, tgl. 19–23 Uhr | €€

Stöbern & entdecken

Einheimisches Kunsthandwerk
Centro de Artesanato 1

Im Gebäude des Tourismusbüros stehen typische Souvenirs von Porto Santo zum Verkauf: Flechtwerk aus Palmstroh, Krippenfiguren aus Ton, Holzschnitzereien.

Av. Dr. Manuel Pestana Junior, Mo–Fr 9–19, Sa 9–17 Uhr

Sport & Aktivitäten

Verleih von Fahrrädern und E-Bikes
Colombo 1

Das eher flache Porto Santo eignet sich gut zum Radfahren. Parallel zum gesamten Strand verläuft ein Radweg.

Av. Dr. Manuel Pestana Junior, T 291 98 44 38, www.aacolombo.com, tgl. 9–13, 15–19 Uhr

Infos und Termine

Posto de Turismo: Av. Dr. Manuel Pestana Junior, T 291 98 52 44, www.visitportosanto.pt, Mo–Fr 9.30–12.30, 14–17.30, Sa/So 10–13 Uhr

Linienbusse: Zentrale Haltestelle und Ticketschalter der Gesellschaft Moinho (T 291 98 28 75, moinhorentacar.com) in der Av. Dr. Manuel Pestana Junior bei der Tankstelle. Dort starten Mo–Fr mehrmals tgl. die Linien 1, 2, 3 und 4 in verschiedene Inselecken sowie jeden Tag mehrmals Linie 7 ins Hotelviertel; Linie 5 verlässt

Ein Blick zu den Ilhas Desertas ersetzt den Wetterbericht, behaupten die Einheimischen. Da mag etwas dran sein. Liegen die Inseln im Dunst, ist alles gut. Ist jedoch alles gestochen scharf zu erkennen, steht ein Wetterumschwung bevor. Oft ziehen dann Tiefausläufer von Westen mit Sturm und Regen heran. Manchmal sind auch Wolkenfälle zu beobachten, vor allem auf der mit 479 m höchsten Insel Deserta Grande. Nebel schwappt dann von hinten über den Bergrücken und löst sich auf der dem Betrachter zugewandten Seite durch einen Föhneffekt auf. Dieses Phänomen kündigt den *Leste* an, einen heißen, trockenen Wind aus der Sahara, der Madeira ungewöhnlich sonniges Wetter bringt.

Auch auf dem Holzweg lockt das Ziel: Die vielen einsamen Strandabschnitte der Praia do Porto Santo bieten reichlich Platz zum ungestörten Sonnenbaden.

Vila Baleira etwa 45 Min. vor Auslaufen der Fähre und wartet bei Fährankünften im Hafen (einfache Fahrt 1,60 €).
Inselrundfahrt: Mit Linie 6 beginnt tgl. um 14.15 Uhr an der zentralen Bushaltestelle eine unkommentierte Inselrundfahrt (Dauer 1.45–2 Std., 8 €, mind. 4 Pers.) mit Fotostopps am Pico do Castelo, am Miradouro da Portela und an der Ponta da Calheta. Nebenan liegt der Taxistand (Inselrundfahrt ca. 2,5 Std., um 50 €).
Flughafen und Fähre: ▸ S. 113

TERMINE

Porto Santo Nature Trail: zwei Tage Mitte März. Gelaufen wird über ca. 46 km. Außerdem gibt es die kürzeren Prüfungen ›Trail do Porto Santo‹, ›Mini Trail‹ und ›Kids Trail‹. Infos: www.portosantonaturetrail.com
Festival Colombo: ▸ S. 105

Ilhas Desertas

Von Madeiras Südostküste erblicken Sie am Horizont von rechts nach links die 20 km entfernten Inseln **Búgio, Deserta Grande** und **Ilhéu do Chão**. Die beiden erstgenannten scheinen relativ groß, doch der Eindruck trügt. Zu sehen ist jeweils die Längsseite, in Wirklichkeit sind es messerscharfe, schmale Bergrücken.

Die Ilhas Desertas sind trocken und unwirtlich. Dennoch lebte hier bis Ende des 19. Jh. eine Handvoll Menschen, um von den Klippen die Lackmusflechte einzusammeln, die den wertvollen violetten Farbstoff Orseille lieferte. Heute stehen die Inseln unter Naturschutz und dürfen nur eingeschränkt betreten werden, da an ihren Küsten nach neueren Forschungen nur rund 20 Exemplare der bedrohten Mönchsrobbe zu Hause sind – weniger, als noch vor ein paar Jahren gedacht.. Lediglich ein paar Ranger des Naturparks halten sich ständig hier auf.

❶ Infos

Bootsausflüge: Ab Funchal laufen mehrere Boote die Ilhas Desertas regelmäßig an: die Motorsegler **Ventura do Mar** (T 291 28 00 33, www.venturadomar.com) und **Gavião** (T 291 24 11 24, www.facebook.com/gaviao.madeira), der Traditionssegler **Bonita da Madeira** (T 291 76 22 18, www.bonitadamadeira.com) und die Segelkatamarane von **VMT Madeira** (T 291 22 49 00, www.madeiracatamaran.com). Die Ganztagesfahrten mit Exkursion auf Deserta Grande kommen auf ca. 80 €, Überfahrt 3,5 Std. pro Strecke. **Ventura do Mar** bietet im Sommer auch eine zweitägige Expedition an, mit Übernachtung im Gemeinschaftszelt, im Freien oder an Bord (147 €). Informationen/Tickets an den Hafenschaltern in Funchals Marina.

Hin & weg

ANREISE

Mit dem Flugzeug
Der Flughafen von Madeira (FNC) befindet sich im Osten der Insel, 20 km von Funchal entfernt. Bei Redaktionsschluss dieser Ausgabe (Frühjahr 2024) wurde Madeira von verschiedenen deutschen Flughäfen von TUIfly (www.tuifly.com), Eurowings (www.eurowings.com), Lufthansa (www.lufthansa.com) und EasyJet Europe (www.easyjet.com) angeflogen; von der Schweiz ging es nach Madeira mit Edelweiss (www.flyedelweiss.com), von Österreich (Wien) mit Austrian (www.austrian.com), von Luxemburg mit Luxair (www.luxair.lu): Flugzeit ca. 4 Std., Ticket hin/zurück etwa zwischen 300 und 900 €. Umständlicher, da immer mit Umsteigen in Lissabon verbunden, ist die Anreise mit TAP Portugal (www.flytap.com).
In der Ankunftshalle unterhalten verschiedene Autovermietungen Büros.
Ein Taxi nach Funchal kostet um 30 € (Fahrzeit knapp 30 Min.), nach Caniço de Baixo um 20 € (Fahrzeit 15 Min.).
Der Aerobus pendelt zwischen dem Flughafen und Funchal (Stadtzentrum, Hotelviertel) ca. 20 x tgl. (außer am 25.12.), Ticket für die einfache Fahrt 6 €, hin und zurück 10 €, Abfahrt direkt vor dem Ankunftsbereich, Tickets an Bord, nur Bargeld.
Der Flughafen von Porto Santo (PXO) wurde zuletzt nicht mehr von TAP Portugal ab Lissabon und auch nicht direkt aus Mitteleuropa angeflogen. So gelangen Sie auf die kleine Nachbarinsel nur mit Umsteigen auf Madeira (► Verkehrsmittel). Auch auf Porto Santo gibt es Autovermietungen im Ankunftsbereich sowie einen Taxistand.
Flughafeninfo für Madeira und Porto Santo: www.ana.pt.

Mit dem Schiff
Madeira ist ganzjährig (bis auf Januar) mit der Nachbarinsel Porto Santo durch eine Autofähre verbunden (► S. 113). Eine Fährverbindung zwischen dem portugiesischen Festland und Madeira besteht nicht.

EINREISEBESTIMMUNGEN

Für Reisende aus Schengen-Staaten (u.a. Deutschland, Österreich, Schweiz, Benelux) entfallen die Passkontrollen bei der Einreise. Reisepass oder Personalausweis sind bei den Fluggesellschaften, beim Anmieten eines Mietwagens und beim Einchecken im Hotel vorzulegen. Schweizer benötigen bei einem Aufenthalt von mehr als drei Monaten ein Visum. EU-Bürger müssen, wenn sie länger als drei Monate auf Madeira bleiben, einen Wohnsitz anmelden.

ZOLLBESTIMMUNGEN

EU-Bürger können Waren zum persönlichen Gebrauch – Richtmengen sind bis zu 800 Zigaretten und 10 l Spirituosen – zollfrei mitführen. Für Schweizer gelten Mengen von max. 250 Zigaretten und 1 l Spirituosen über 22 % Alkohol. Souvenirs sind bis 300 CHF abgabefrei.

INFORMATIONSQUELLEN

Direcção Regional do Turismo
Avenida Arriaga 18
9004-519 Funchal
T 291 14 53 05
www.visitmadeira.com
Außer diesem Zentralbüro betreibt die regionale Tourismusbehörde acht weitere Büros auf Madeira und Porto Santo. Adressen der wichtigsten Informationsstellen finden Sie bei den Ortsbeschreibungen. Das Tourismusbüro am Flughafen befindet sich in der Ankunftshalle (tgl. 9–21.30 Uhr). Touristische Informationsbüros im Ausland unterhalten weder Madeira noch Portugal.

Infos im Internet

www.madeira-tipps.de
Privatseite von Madeira-Kennern, ohne Werbung. Interessante Aspekte, u.a. zu den Themen Wandern und Botanik
www.wilde-orte.de
Blog der Autorin dieses Buches mit Ausflugstipps in die ursprüngliche Natur, u.a. auf Madeira
www.madeira-web.com
Mehrsprachiger Reiseführer (u.a. Deutsch) mit Schwerpunkt auf Sightseeing, Stränden und Sport, aktueller Veranstaltungskalender, Links zu Hotels und Autovermietungen
https://madeiraflora.de
Deutschsprachige Seite mit Infos zu und Fotos von interessanten Blumen, die auf Madeira vorkommen.

Klima und Reisezeit

Madeira ist ein Ganzjahresziel. Insbesondere an der Küste herrschen immer milde Temperaturen. Im Winter werden dort tagsüber rund 19 °C, im Sommer um 25 °C gemessen, nachts fällt das Thermometer nur wenig. Die Wassertemperaturen des Atlantiks schwanken zwischen 17 und 23 °C. In den Bergen kann es im Gegensatz zur Küste in den Wintermonaten empfindlich kühl werden und im Extremfall sogar schneien. Passatwinde bescheren der Nordseite der Insel weitaus mehr Wolken als dem wärmeren Süden. Von November bis Mai streifen häufig atlantische Tiefausläufer Madeira. Dann kommt es zu teilweise recht ergiebigen Niederschlägen, die im Norden und im Gebirge höher ausfallen als im Süden.
In den kühleren Monaten (Okt.–Juni) empfiehlt sich die Mitnahme von langen Hosen, Fleecejacke und regendichtem Anorak.

Reisen mit Handicap

Informationen erteilen der Bundesverband Selbsthilfe Körperbehinderter e. V. (www.bsk-ev.org) und die Bundesarbeitsgemeinschaft Selbsthilfe e. V. (www.bag-selbsthilfe.de).

Sicherheit und Notfälle

Madeira gilt als recht sicheres Reiseziel. Wertgegenstände sind dennoch am besten im Hotelsafe aufgehoben (8–14 €/Woche). Taschendiebstähle kommen vereinzelt im Umfeld der Häfen von Funchal und Câmara de Lobos vor. Manchmal berichten die örtlichen Tageszeitungen von Taschenraub am Miradouro (Aussichtspunkt) auf dem Pico da Torre bei Câmara de Lobos.
Allgemeine Notrufnummer: 112 (Polizei, Feuerwehr, Ambulanz)
Autounfall oder Panne: Stets sofort an die Mietwagenfirma wenden (Telefonnummer auf dem Vertrag, der immer mitzuführen ist).
Alle in Deutschland herausgegebenen Bankkarten (Girocard, früher EC-Karte) können Sie bei Verlust oder Diebstahl über den zentralen Notruf sperren lassen: T 0049 116 116, www.sperr-notruf.de
Deutsches Honorarkonsulat: Funchal, Rua do Amparo 26, T 291 70 72 80, www.lissabon.diplo.de, nur nach Terminvereinbarung; **Österreichisches Honorarkonsulat:** temporär geschl., zuständig ist die Botschaft in Lissabon, T 213 94 39 00, www.bmeia.gv.at. Für **Schweizer** ist das **Konsulat** in Câmara de Lobos, Vereda Ponte da Vargem 6, T 967 59 25 42, www.eda.admin.ch, zuständig.

Sport und Aktivitäten

Canyoning
Diese Extremsportart liegt auf Madeira voll im Trend und wird von LokoLoko (T 969 57 07 80, www.lokolokomadeira.com) und Adventure Kingdom (T 918 08 05 57, www.madeira-adventure-kingdom.com) in verschiedenen Schluchten der Insel angeboten. Dazu gehören ›Abseiling‹ durch Wasserfälle,

Durchwaten von Gumpen, Schwimmen in Felspools und Sprünge ins Wasser.

Golf

Madeira hat als Golfdestination durchaus einen Namen, auch wenn es auf dem Archipel bisher nur drei, bald aber vier Plätze gibt. Diese sind dafür aufgrund ihrer landschaftlichen Lage umso spektakulärer. Oberhalb von Funchal liegt, eingebettet in eine Parklandschaft mit grandiosem Küstenblick, der 18-Loch-Platz Palheiro Golf (www.palheirogolf.com).
In Santo da Serra befindet sich die schon in den 1930er-Jahren gegründete, inzwischen auf 27 Loch erweiterte Anlage Clube de Golf Santo da Serra (www.santodaserragolf.com), ebenfalls mit atemberaubender Aussicht. Für 2026 ist die Eröffnung eines weiteren, mindestens ebenso aufregenden Platzes an der Westspitze Madeiras vorgesehen.
Die Nachbarinsel Porto Santo bietet mit Porto Santo Golfe (www.portosanto-golfe.com) einen über der Steilküste schwebenden 18-Loch-Platz.
Green-Fee-Gäste sind überall willkommen, Ausrüstung kann geliehen werden. Mit dem Madeira Golf Passport (https://madeiragolfpassport.com) kann man drei oder fünf Runden buchen, er gilt auf beiden vorhandenen Plätzen Madeiras.

Radfahren

Auf Madeira wird Mountainbiking praktiziert, das wegen der starken Höhenunterschiede auf engstem Raum hohe Anforderungen an die Kondition stellt. Mehrere Firmen in Funchal und Caniço verleihen Räder und bieten geführte Touren an. Für Genussradler eignet sich die deutlich flachere Nachbarinsel Porto Santo, wo in Vila Baleira Räder vermietet werden. Weitere Infos erhalten Sie bei den jeweiligen Ortsbeschreibungen.

Reiten

Der Pferdesport ist auf Madeira nicht wirklich verbreitet, aber es gibt einige Reitställe. In Santo da Serra bietet die Quinta do Riacho (www.quintadoriacho.com) Ausritte an Levadas und durch Lorbeer- und Eukalyptuswälder an. Die Betreiber sind im Tierschutz engagiert, stellen die Bindung von Mensch und Tier in den Vordergrund und haben die Pferde sorgfältig für das Geländereiten ausgewählt.
Auch Porto Santo hat einen Reitstall: Centro Hípico do Porto Santo (T 925 64 31 23). Hier wird am Strand entlang und durch die hügelige Steppenlandschaft geritten.

Surfen

Wellenreitern gilt Madeira als Hawaii Europas. Die besten Spots befinden sich bei Jardim do Mar und Paúl do Mar, wo sich jeweils eine bunte Surferszene etabliert hat, in São Vicente mit der offiziellen Surfzone Baía dos Juncos sowie in Porto da Cruz, wo Madeiras erstes Surfcamp entstanden ist (www.madeirasurfcamp.com).
Hingegen werden Wind- und Kitesurfing fast ausschließlich am langen Sandstrand von Porto Santo betrieben. In Cabeço da Ponta beim Aparthotel Luamar hat die Surfbasis On Water Academy (T 964 83 85 35) auch den Trendsport SUP (Stand up Paddling) im Programm.

Tauchen

Taucher lieben Madeira wegen der artenreichen Unterwasserfauna, die schon ein wenig an die Tropen erinnert. Tauchbasen gibt es insbesondere in Funchal (www.madeiradivepoint.com u.a.) und Caniço de Baixo (www.mantadiving.com, www.madeiradivingcenter.com, www.atalaia-madeira.com). Zwischen beiden Orten wurde eine 6 km lange Unterwasserschutzzone geschaffen, in der die Fischerei untersagt ist. Die Basen bieten Kurse für Anfänger und Fortgeschrittene sowie geführte Tauchgänge an und verleihen Ausrüstung. Für Fortgeschrittene veranstalten sie auch Ausfahrten zu der brandungsreichen, aber für Taucher sehr interessanten Nordküste Madeiras.

Mitzubringen ist jeweils ein ärztliches Attest, das noch mind. sechs Monate Gültigkeit hat.

Tennis
Viele Hotels verfügen über Tennisplätze. Auf Anfrage dürfen sie gegen Gebühr oft auch von externen Gästen bespielt werden. Mehrere öffentliche Tennis- und Padel-Plätze (gegen Gebühr) gibt es in Funchal in der Quinta Magnólia (Rua do Dr. Pita, tgl. 9–21 Uhr). Madeiras Nachbarinsel bietet mit Porto Santo Ténis ein modernes Tenniszentrum mit fünf Tennis- und vier Padel-Plätzen (Campo de Baixo, www.facebook.com/complexotenisportosanto).

Wandern
Wandern ist der Sport schlechthin auf Madeira. Ganzjährig herrscht geeignetes Wanderwetter. Es gibt Wege beinahe jeden Schwierigkeitsgrads, vom Spaziergang bis zur mehrstündigen Gebirgstour. Nach dem internationalen System als PR *(pequeno recorrido)* ausgewiesen und weiß-gelb markiert sind auf Madeira weit über 30 Routen (einschließlich Varianten), auf Porto Santo drei Routen. Außerdem sind einige örtliche Wanderwege beschildert. Hinweise zu Wandertouren finden Sie im Ortsbeschreibungsteil dieses Buches. Nach Erdrutschen und wegen Renovierungsarbeiten können Wege vorübergehend gesperrt sein. Über den aktuellen Stand informiert www.visitmadeira.com. Verschiedene örtliche Anbieter haben geführte Halbtages- oder Tageswanderungen im Programm, in der Regel mit Abholung am Hotel (z.B. www.

TRINKWASSER

Das Leitungswasser in den Hotels ist oft stark gechlort. Lieber Tafelwasser im Geschäft kaufen, das auch günstig in Riesenflaschen (5 oder 7 l) angeboten wird.

WELLNESS

Madeira hat sich als exklusive Wellness-Destination etabliert. Mehrere gehobene Hotels machen entsprechende Angebote. Dem VidaMar Resort Hotel Madeira in Funchal ist ein Thalasso-Spa mit Meerwasser-Hallenbad, Sauna, Jacuzzi, Dampfbad, Massagen und Physiotherapie angeschlossen (www.vidamarresorts.com).
Birkit Moukom gründete im Hotel Alpino Atlântico in Caniço de Baixo ein erholsames Ayurveda-Kurzentrum. Dessen Gäste können das spektakuläre Ashoka Spa im nahen Hotel Sentido Galomar, dessen Saunen einen Panoramameerblick bieten, nutzen. Dort werden die verschiedensten Behandlungen nach asiatischer und europäischer Tradition angeboten (https://ashoka-ayurveda.com). In Caniço-Centro verfügt das Hotel Quinta Splendida über einen geräumigen Lifestyle-Spa-Bereich im Asia-Stil. Neben zahlreichen Anwendungen wie Ganzkörperpackungen und fernöstlichen Schlammbädern wird eine Saunalandschaft mit Eisfontänen-Iglu und Ruheraum mit beheizten Steinbetten geboten (www.quintasplendida.com).
Porto Santo verfügt mit dem Vila Baleira Resort (www.vilabaleira.com) ebenfalls über ein Wellnesshotel. Das zugehörige Talasso Spa ist auf Thalassotherapie spezialisiert. Verschiedene Anwendungen werden dort praktiziert, um Rheuma oder Arthritis sowie Stresssymptomen erfolgreich vorzubeugen oder diese zu behandeln. Außerdem wird im Vila Baleira ebenso wie im Hotel Porto Santo (www.hotelportosanto.com) Psammotherapie angeboten, Bäder im heißen Sand.

albanoaktiv.com, www.naturemeetings.com, www.madeira-levada-walks.com, www.madeira-rmktours.com).

ÜBERNACHTEN

In den Veranstalterkatalogen sind vorwiegend die großen Ferienhotels aufgeführt, aber auch individuellere Hotels, oft des oberen Preissegments. Einfachere Unterkünfte sowie Ferienwohnungen und Ferienhäuser können Sie bequem über Buchungsplattformen reservieren (z.B. www.booking.com, www.airbnb.de, www.expedia.de). Ganz auf Ferienwohnungen spezialisiert haben sich Anbieter wie www.fewo-direkt.de, www.casamundo.de oder www.atraveo.de. Bei manchen Häusern erfolgt die Übergabe kontaktfrei. Man erhält dann vom Vermieter einen Code fürs Türschloss oder einen Hinweis, wo der Schlüssel hinterlegt ist.
Im Trend liegt der ländliche Tourismus *(turismo rural)*, wobei das Angebot auf Madeira und Porto Santo inzwischen riesig ist. Dies gilt sowohl für Häuser zur Alleinbenutzung, darunter wunderschön renovierte Bauernkaten, als auch für Zimmer oder Apartments in *quintas*, zu kleinen, komfortablen Landhotels umgebauten Gutshäusern (buchbar über Reisebüros und die oben angeführten Buchungsplattformen).
Wenn Sie eine Rundfahrt planen, empfiehlt es sich, die gewünschten Quartiere rechtzeitig zu reservieren, da die Zahl der Zimmer in kleineren Orten begrenzt ist. Eine bequeme Alternative ist die individuelle Mietwagen-Rundreise, bei der die Unterkünfte vom Veranstalter vorausgebucht und im Paket mit einem Mietwagen angeboten werden (z.B. www.madeira-rmktours.com, www.ihden.reisen).

ÜBERNACHTUNGSPREISE

€ unter 80 Euro
€€ 80 bis 160 Euro
€€€ über 160 Euro
Preise für ein Doppelzimmer mit Frühstück

VERKEHRSMITTEL

Bus

In Funchal verkehren orangefarbene Stadtbusse in dichter Folge (www.horariosdofunchal.pt, ► S. 32). Auch die Umgebung der Stadt und die Südküste zwischen Machico und Ribeira Brava sind gut an das Liniennetz angeschlossen. Alle anderen Inselteile sind schlecht oder gar nicht per Bus erreichbar. Haltestellen erkennt man am Wartehaus oder an dem Schild »Paragem«.
Das Streckennetz für Überlandbusse teilen sich vier Gesellschaften: Nach Caniço und Umgebung fährt die EACL (rot-weiß-graue Busse, www.eacl.pt), nach Camacha, Santo da Serra und Santana/Boaventura die CCSG (grau-gelb-weiße Busse, www.horariosdofunchal.pt). Endstation und Infokiosk beider Firmen befinden sich in Funchal neben der Talstation der Seilbahn. Linie 81 der CCSG nach Curral das Freiras hält auch am Palácio de São Lourenço und schräg gegenüber vom Casino Park Hotel. Den Inselosten bedient die SAM (grün-weiße Busse, www.sam.pt), die Busbahnhöfe in Funchal (Rua Calouste Gulbénkian; weiterer Haltepunkt an der Avenida do Mar) und Machico (Rua Gen. Aguiar) unterhält. Richtung Inselwesten startet Rodoeste (rot-weiße Busse, www.rodoeste.pt) in Funchal am Busbahnhof Campo da Barca mit Haltepunkten entlang der Avenida do Mar und im Hotelviertel. Rodoeste unterhält auch einen kleinen Busbahnhof mit Infokiosk in Ribeira Brava. Gezahlt wird generell beim Fahrer. Vorverkauf und/oder vergünstigte Mehrfachfahrkarten im Busbahnhof bzw. am Infokiosk.
Hotels halten Busfahrpläne für die örtlichen Linien bereit, einen offiziellen Fahrplan für die ganze Insel gibt es nicht.

Mietwagen

Ein Kleinwagen kostet für nur einen Tag ab 35, pro Woche ab ca. 125 € inkl.

Vollkaskoversicherung. Die Autovermietungen verlangen die Vorlage einer Kreditkarte. Es gibt Wagen ab einem Alter von 18 Jahren, für sehr junge Fahrer erheben die Firmen aber meist Zuschläge, ebenso wie für Fahrer, die älter als 65 Jahre sind. Büros internationaler Verleihfirmen gibt es am Flughafen und in Funchal, örtliche Anbieter in Caniço de Baixo, Machico, Ribeira Brava, Calheta und São Vicente. Auch Hotelrezeptionen vermitteln Mietwagen. Die Promillegrenze liegt bei 0,5. Höchstgeschwindigkeit auf der vierspurigen Schnellstraße (Via Rápida) bei Regen 90 km/h, bei trockenem Wetter 100 km/h. Das Abblendlicht muss dort eingeschaltet werden. Im Pannenfall ist die im Auto liegende reflektierende Schutzweste anzuziehen.

Taxi
Taxistände gibt es in allen wichtigen Orten. In Funchal sind die Wagen mit Taxameter ausgerüstet (Kosten für eine innerstädtische Fahrt ca. 6–8 €). Bei Überlandfahrten wird vorher ein Preis verabredet, pro km ist mit etwa 1,50 € zu rechnen. Für verschiedene Ausflüge ab Funchal, Santa Cruz und Machico sowie auf Porto Santo gelten Festpreise (als Aushang an Taxiständen und unter www.aitram.pt einzusehen). Wenn Sie auf Nummer sicher gehen wollen, können Sie online (www.aitram.pt) oder im Ankunftsbereich des Flughafens einen Taxi-Voucher für Strecken und Ausflüge Ihrer Wahl erstehen.
Zentraler Taxiruf: T 291 76 57 60

Flugzeug
Von Madeira zur Nachbarinsel Porto Santo fliegt 2 x tgl. eine Propellermaschine von Binter Canarias (www.bintercanarias.com). Flugzeit 15 Min., *oneway* je nach Wochentag und Tarif ca. 44–64 €. Frühzeitige Buchung ist vor allem im Sommer ratsam.

Schiff
Eine Autofähre der Porto Santo Line (www.portosantoline.pt) verkehrt 1–2 x tgl. (im Winter außer Di, Januar keine Fahrten) von Funchal nach Porto Santo, meist morgens hin und abends zurück. Fahrzeit ca. 2 Std., hin und zurück 55–68 € (2. Klasse). Tickets online oder in verschiedenen, auf der Website aufgeführten Verkaufsstellen.

Ein seltenes Vergnügen: Gratis-Autowäsche im Wasserfall bei Madalena do Mar. Aber Achtung wegen Steinschlag!

ZEITUNTERSCHIED

Gegenüber Mitteleuropa wird die Uhr ganzjährig eine Stunde zurückgestellt.

O-Ton Madeira

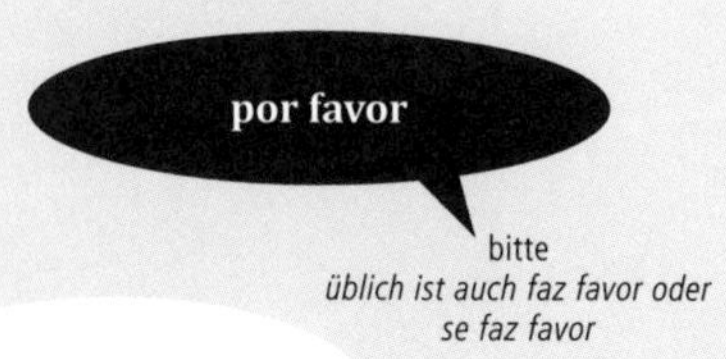

bitte
üblich ist auch faz favor oder se faz favor

obrigado

danke
gilt nur für Männer, Frauen sagen obrigada

BOM DIA

guten Morgen, guten Tag
wird nur bis 12 Uhr mittags verwendet, danach heißt es boa tarde

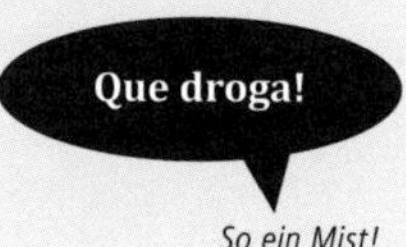

So ein Mist!

Filho de peixe sabe nadar.

Der Sohn des Fisches kann schwimmen.
Der Apfel fällt nicht weit vom Stamm.

Mais vale um pássaro na mão do que dois a voar.

Ein Vogel in der Hand ist mehr wert als zwei, die fliegen.
Besser der Spatz in der Hand als die Taube auf dem Dach.

Gato escaldado tem medo de água fria.

Eine verbrühte Katze hat Angst vor kaltem Wasser.
Gebranntes Kind scheut das Feuer.

QUEM VÊ CARAS, NÃO VÊ CORAÇÕES.

Wer Gesichter sieht, sieht keine Herzen.
Der Schein kann trügen.

bilhardeira

klatschsüchtiges Weib
früher nur in der femininen Form, heute gibt es auch den bilhardeiro

Uma casa sem flores era como um palheiro.

Ein Haus ohne Blumen wäre wie ein Kuhstall.

Sonntagsfahrer

A
25 Fontes (Quellen) 73
Achada do Teixeira 96
Achadas da Cruz 80
Albuquerque, Miguel 120
Alemão, Henrique (Heinrich der Deutsche) 71
Arco de São Jorge 90

B
Baía da Abra 52
Balcões 56
Behinderte 109
Berardo, Joe 36
Bica da Cana 68
Boaventura 90
– Miradouro São Cristóvão 90
Boca da Corrida 65
Boca da Encumeada 67
Bonita da Madeira 107
Búgio 107
Bus 112

C
Cabanas 91
Cabo Girão 62
Cais do Sardinha 53
Caldeirão Verde 95
Calhau 80, 92
– Cais 92
– Piscina 92
Calheta 6, 71
– Casa das Mudas 74
– Engenhos da Calheta 74
– Mudas – Museu de Arte Contemporâneo 74
Camacha 44, 46, 103
– Largo da Achada 44
Câmara de Lobos 24, 61
– Capela Nossa Senhora da Conceição 61
– Ilhéu 61
– Miradouro Winston Churchill 61
– Praça da Autonomia 61
Caminho das Voltas 84
Caniçal 25, 51
– Museu da Baleia 51
– Zona Franca (Freihandelszone) 51
Caniço-Centro 42
Caniço de Baixo 6, 42
– Largo Padre Lomelino 42
– Lido Galomar 42
– Praia dos Reis Magos 42
Canyoning 109
Capela da Senhora da Piedade 52
Capela de Nossa Senhora de Fátima (Cabo Girão) 63
Capela do Santo Espírito 71
Carnaval 33, 50
Carristur 33
Casa do Sardinha 53
Cascata do Risco 73
Centro de Vulcanismo 88
Centro Florestal da Macaronésia 54
Chão da Ribeira 84
Churchill, Winston 20, 61
Complexo Balnear 98
Complexo Balnear Roca Mar 42
Corpo Santo 61
CR7 Museu 25
Cristo Rei 44
Cristóvão Colombo 104
Curral das Freiras 60

D
Dachreiter 4
David, Paulo 120
Deserta Grande 107

E
Einreisebestimmungen 108
Eira do Serrado 60
Engenhos do Norte 99
Esmeraldo, João 70
Essensgewohnheiten 10
Estanquinhos 68
Estrada Antiga 60
Estreito de Câmara de Lobos 64
– Jardim da Serra 65

F
Faial 98
– Penha de Águia 98
– Ribeira do Faial 98
Fajã da Areia 85
Fajã da Nogueira 96
Fajã da Ovelha 76, 77
Fajã dos Padres 63
Fajãs do Cabo Girão 62
Faudry, Thomas 120
Festa da Castanha 60
Festa da Cebola 44
Festa da Flor 33
Festa da Uva e do Agricultor 99
Festa do Santíssimo Sacramento e dos Fachos 50
Festa do Senhor Bom Jesús 89
Festa do Senhor dos Milagres 50
Festa do Vinho 34
Festa do Vinho Madeira 65
Festa Nossa Senhora da Piedade 51
Festa São Pedro 67
Festas do Divino Espírito Santo 44
Festival Colombo 105
Festival do Atlântico 34
Festival Raízes do Atlântico 34
Festival Regional de Folclore ›24 horas a bailar‹ 98
Fim do Ano 34
Flugzeug 108, 113
Forsthaus Pico das Pedras 95
Fortím 98
Frühstück 10
Funchal 6, 16
– Albergaria Dias 25
– Apolo 28
– Armazén do Mercado 23

– Arts In Conde Carvalhal 30
– Barreirinha 16
– Blandy's Wine Lodge 26
– Cais 16
– Câmara Municipal 20
– Capela de Santa Catarina 17
– Casa-Museu Frederico de Freitas 25
– Casino da Madeira 20
– Castanheiro Boutique Hotel 30
– Convento de Santa Clara 21
– CR7 Museu 25
– Doca do Cavacas 24
– Dos Combatentes 31
– Estrada Monumental 24
– Fortaleza de São Tiago 16
– Fortaleza do Pico 24
– Igreja de São Pedro 21
– Igreja do Colégio 20
– Igreja do Socorro 16
– Informal 31
– Jardim de Plantas Aromáticas 21
– Jardim Municipal 17
– Kampo 31
– Kathedrale 28
– Lido 24
– Londres 31
– Madeira Story Centre 25
– Max Römer Taste & Buy Bar 27
– Mercado dos Lavradores 22
– Museu de História Natural do Funchal 21
– Museu Militar da Madeira 17
– Museu Quinta das Cruzes 21
– O Celeiro 27
– O Regional 30
– Palácio de São Lourenço 16
– Parque de Santa Catarina 17
– Plaza Madeira 31
– Ponta da Cruz 24
– Praça de Peixe 23
– Praça do Infante 17
– Praça do Município 20
– Praça do Povo 16
– Praia Formosa 24
– Quinta das Cruzes 21
– Quinta Penha França 30
– Quinta Vigia 17
– Residencial Mariazinha 30
– Sé Catedral 28
– Teleférico do Funchal 39
– Vila Terezinha 30
– Zona Velha 32
Funchal Jazz Festival 34

G
Gavião 107
Golf 110

I
Igreja do Senhor Bom Jesus 89
Ilhas Desertas 7, 107
– Búgio 107
– Deserta Grande 107
– Ilhéu do Chão 107
Ilhéu do Chão 107
Ilhéu Mole 82
Ilhéus da Ribeira da Janela 81
Informationsquellen 108

J
Jardim Botânico da Madeira 34
Jardim das Rosas 91
Jardim do Mar 75

K
Karl I. 39
Klima 109
Kolumbus 104
Kolumbus, Christoph 120
Korbschlittenfahrten 35

L
Lamaceiros 81
Lass, Wolfgang 120
Levada da Ribeira da Janela 81
Levada das 25 Fontes 73
Levada do Furado 57
Levada do Moinho 71
Levada do Paúl 68
Levada do Risco 73
Levada dos Cardais 86
Levada Nova 71
Lobosonda 75
Lopes, Fátima 120

M
Machico 6, 48
– Banda d'Além 48
– Capela de São Roque 49
– Capela do Senhor dos Milagres 48
– Forte de Nossa Senhora do Amparo 49
– Igreja de Nossa Senhora da Conceição 48
– Largo do Município 48
– Núcleo Museológico de Machico 49
– Solar do Ribeirinho 49
Madalena do Mar 71
– Banda d'Além 71
MADEIRADiG Music Festival 75
Madeira Golf Passport 110
Madeira Sightseeing 44
Madeirawein 4, 26, 85
Madeira Wine Lounge 34
Manuel I. 16, 29, 48, 65, 67
Marina Quinta do Lorde 53
Mietwagen 112
Miradouro da Beira da Quinta 91
Miradouro da Pipa 91
Miradouro do Cabo Aéreo 92
Miradouro do Cabo Girão 62

Miradouro do Ninho da Manta 96
Miradouro dos Cardais 86
Miradouros do Paredão 61
Moinho a Água 92
Monte 35
– Igreja de Nossa Senhora do Monte 39
– Largo da Fonte 39
– Museu Monte Palace 36
– Ribeira de João Gomes 35
Monte Palace Madeira 36
Mostra da Sidra 55

N
Niemeyer, Oscar 20
Notfälle 109
Núcleo de Dragoeiros das Neves 35
Núcleo Museológico Rota da Cal 85

P
Palheiro Gardens 35
Paúl da Serra 7, 68
Paúl do Mar 76
Penha de Águia 51
Pico da Cova 86
Pico das Torres 97
Pico do Arieiro 55
Pico do Facho 50
Pico do Gato 97
Pico dos Frias 24
Pico Grande 65
Pico Ruivo 96
Pico Ruivo do Paúl 68
Piscinas Naturais 82
Poncha 11
Poncha da Madeira 120
Ponta Delgada 89
– Complexo Balnear 89
Ponta de São Lourenço 25, 52
Ponta do Furado 53
Ponta do Garajau 44
Ponta do Pargo 80
– Farol 80
Ponta do Rosto 52
Ponta do Sol 67
– Igreja Nossa Senhora da Luz 67
– Lombada da Ponta do Sol 70
– Villa Passos 67
Ponta Gorda 24
Portela 51
Porto da Cruz 99
– Praia da Lagoa 99
Porto das Salemas 103
Porto Moniz 80, 82
– Aquário da Madeira 80
– Forte São João Baptista 80
– Miradouro da Santinha 80
– Passeio Marítimo 82
– Piscinas Naturais 83
– Rotunda da Piscina 83
Porto Santo 7, 102
– Cabeço 102
– Cais Velho 102
– Campo de Baixo 102
– Casa Colombo 104
– Casa da Câmara Antiga 102
– Estátua de Cristóvão Colombo 105
– Igreja Nossa Senhora da Piedade 102
– Largo do Pelourinho 102
– Mercado Velho 104
– Miradouro da Portela 103
– Padrão das Descobertas 102
– Pico do Castelo 103
– Pico do Facho 103
– Ponta 102
– Ponta da Calheta 102
– Praia da Fontinha 102
– Praia do Porto Santo 102
– Vila Baleira 102, 104
Porto Santo Nature Trail 107
Posto Florestal do Fanal 69
Praia de Laje 84
Praia do Garajau 44
Prainha 53
Prazeres 77
– Quinta Pedagógica 77

Q
Queimadas 94
Quinta da Boa Vista 34

R
Rabaçal 72
Radfahren 110
Reisezeit 109
Reiten 110
Ribeira Brava 65
– Câmara Municipal 66
– Igreja de São Bento 65
– Museu Etnográfico da Madeira 66
Ribeira da Janela 72, 81
Ribeira da Ponta do Sol 71
Ribeiro Frio 56
Rocha do Navio 98
Romeria Nossa Senhora do Monte 39
Römer, Max 27, 85
Ronaldo, Cristiano 25, 120
Rota dos Cetáceos 25

S
Santa Cruz 45
– Câmara Municipal 45
– Igreja São Salvador 45
– Palmenpark Alameda 45
– Praçeta Padre Gabriel Olavo Garcês 45
– Praia das Palmeiras 45
– Quinta do Revoredo 45
– Taberna do Petisco 48
Santa Maria de Colombo (Schiffsnachbau) 25, 46, 105
Santana 93
– Casas de Colmo 93
– Jardim Santana Madeira Biosfera 93
Santo da Serra 54
– Miradouro dos Ingleses 54

– Quinta do Santo da Serra 54
São Jorge 91
– Igreja de São Jorge 92
– Miradouro da Vigia 92
São Vicente 85, 86
– Igreja de São Vicente 85
– Parque Urbano 85
Schiff 108, 113
Seixal 84
Semana do Mar 81
Semana Gastronómica 50
Senhor das Montanhas 68
Serrada da Velha 89
Serragem a Água 92
Sicherheit 109
Solar dos Esmeraldos 70
Sport und Aktivitäten 109
Sumares, Patricia 120
Surfen 110

T
Tauchen 110
Tavares, Edmundo 22
Taxi 113
Teixeira, Tristão Vaz 48
Teleférico do Funchal 39
Telmo, Pedro Gonçalves 61
Tennis 111

V
Vasconcelos, Mendes de 21
Ventura do Mar 107
Vereda dos Zimbreiros 77
Verkehrsmittel 112
Vinho da Madeira 4, 26, 85

W
Waldbrände 5
Wandern 111
Wein 4, 26, 85
Wellness 111

Z
Zarco, João Gonçalves 17, 21, 61
Zeitunterschied 113
Zollbestimmungen 108

Abbildungsnachweis

Getty Images, München: Umschlagklappe vorn, 11, 33 (Holger Leue); 8/9 (Maya Karkalicheva); 50, 70 (Merten Snijders); 120/1, 120/2 (Octavio Passos); 7 (Peter Adams)
Huber-Images, Garmisch-Partenkirchen: S. 40/41 (Günter Gräfenhain); 98 (Luca Da Ros); 31 (Lucie Debelkova)
laif, Köln: S. 76 (Georg Knoll); 84 (Günter Standl); Titelbild, Faltplan (hemis.fr/Franck Guiziou); 23 (hemis.fr/Jean-Paul Azam); 14/15, 44, 120/8, 120/9 (Michael Amme); 27 (TOP/Jacques Sierpinski)
Lookphotos, München: S. 105 (Holger Leue); 43 (Jan Greune)
Mauritius Images, Mittenwald: S. 90 (age fotostock/Carles Soler); 17 (age fotostock/ Christian Goupi); 4 u. (Alamy); 36, 120/4 (Alamy/ACORN 1); Umschlagklappe hinten (Alamy/Avalon/Picture Nature); 88 (Alamy/David Kilpatrick); 120/3 (Alamy/ Diogo Baptista); 4 o. (Alamy/Finnbarr Webster); 97 (Alamy/George Reszeter); 24 (Alamy/Graham Mulrooney); 55, 62 (Alamy/Jan Wlodarczyk); 37 u. (Alamy/Kumar Sriskandan); 113 (Alamy/Martin A. Doe); 58/59 (Alamy/Petr Kulhavy); 66, 74 (Alamy/Rainer Hackenberg); 100/101 (Alamy/Zoonar GmbH); 61, 65 (imagebroker/ Martin Moxter); 69 (Roland Wittek); 93 (Udo Bernhart)
Paulo David, Madeira (PT): S. 120/6
Shutterstock.com, Amsterdam (NL): S. 46 (Henner Damke); 72 (Simon Dannhauer)
Stock.adobe.com, Dublin (IE): S. 37 o. (anitasstudio); 120/5 (bierwirm); 107 (Gbuglok); 53 (Mada_cris)
Susanne Lipps, Duisburg: S. 21, 83, 94
Ulrich Perrey, Wentorf bei Hamburg: S. 29, 78/79, 81
Wolfgang Lass, Madeira (PT): S. 120/7
Zeichnung S. 3: Gerald Konopik, Mammendorf
Zeichnung S. 5: Antonia Selzer, St. Peter

Kartografie: © KOMPASS-Karten GmbH, A-6020 Innsbruck;
DuMont Reiseverlag, D-73751 Ostfildern

Umschlagfotos

Titelbild: Mirador oberhalb von Ribeira Brava
Umschlagklappe hinten: Kaktusblüten im Botanischen Garten von Funchal

Briefauszug auf der Umschlagklappe aus: Brigitte Hamann: Elisabeth. Kaiserin wider Willen, © 1981 Amalthea Signum Verlag, Wien

Hinweis: Autorin und Verlag haben alle Informationen mit größtmöglicher Sorgfalt geprüft. Gleichwohl sind Fehler nicht vollständig auszuschließen. Alle Angaben erfolgen ohne Gewähr. Bitte schreiben Sie uns! Über Ihre Rückmeldung zum Buch und Verbesserungsvorschläge freuen sich Autorin und Verlag:
DuMont Reiseverlag, Postfach 3151, 73751 Ostfildern,
info@dumontreise.de, www.dumontreise.de

4., aktualisierte Auflage 2024

Autorin: Susanne Lipps
Redaktion/Lektorat: Martin Silbermann, Sebastian Schaffmeister
Bildredaktion: Stefan L. Scholtz
Grafisches Konzept: Eggers+Diaper, Potsdam
Printed in Poland

Kennen Sie die?

9 von 253 000 Madeirensern

Cristiano Ronaldo

Ja, der Europameister und fünfmalige Weltfußballer stammt von Madeira. Sogar der Inselflughafen wurde nach dem Ausnahmeathleten benannt.

Miguel Albuquerque

Aktueller Inselpräsident und leidenschaftlicher Rosengärtner. Zuletzt entwarf er einen Gedächtnisgarten für die Schriftstellerin Maria do Carmo Santos in der Quinta Magnólia.

Fátima Lopes

Da ihr das Sortiment der Boutiquen auf ihrer Heimatinsel nicht gefiel, wurde sie Modedesignerin. Lebt zwar seit Jahren in Lissabon, ist aber auf Madeira nach wie vor populär.

Poncha da Madeira

Das Kultgetränk der Madeirenser. Die feurige Mischung besteht aus Zuckerrohrschnaps, frisch gepresstem Zitronensaft und flüssigem Bienenhonig. Vorsicht: hochprozentig!

Christoph Kolumbus

Lebte auf Porto Santo und fand dort die sog. Kolumbusbohnen. Seine Vision einer Atlantiküberquerung nach Westen traf in Portugal auf wenig Gegenliebe.

Paulo David

Architekt, für den Mies van der Rohe Award nominiert. In Calheta ist sein Kunstzentrum zu besichtigen, ein Traum aus Glas und Beton.

Wolfgang Lass

Wahl-Madeirenser und Künstler mit dem Motto ›Leben und leben lassen‹. Er ist vom Element Wasser inspiriert, auf einer Insel im Atlantik kein Wunder.

Thomas Faudry

Der französische Küchenchef lernte beim Drei-Sterne-Koch Antoine Westermann. Jetzt waltet er im Funchaler Hotel The Vine über 25 Köche und das Gourmetrestaurant Uva.

Patrícia Sumares

Für ihre gewagten Installationen arrangiert die Bildhauerin zahllose Keramikköpfe immer wieder neu; Motto: »Staub bist du, und zum Staub wirst du zurückkehren«.